8

Auer

Wirtschaft und Beruf

Regelklasse und M-Zug

Ausgabe für die Mittelschule in Bayern

Erarbeitet von
Philipp Hofmeister
Katrin Kindler
Kevin Koch
Petra Meißner
Katharina Ridil
Christiane Vatter-Wittl

Ernst Klett Verlag
Stuttgart · Leipzig

So arbeitest du mit
Auer Wirtschaft und Beruf

Einstiegsseiten

Die Einstiegsseiten führen in ein neues Thema ein und zeigen, was dich in dem Kapitel erwartet.

Dieses **Vorwissen** solltest du zu dem Thema mitbringen.

Diese **Methoden** lernst du in dem Kapitel kennen und anwenden.

Diese **Kompetenzen** entwickelst du im Laufe des Kapitels.

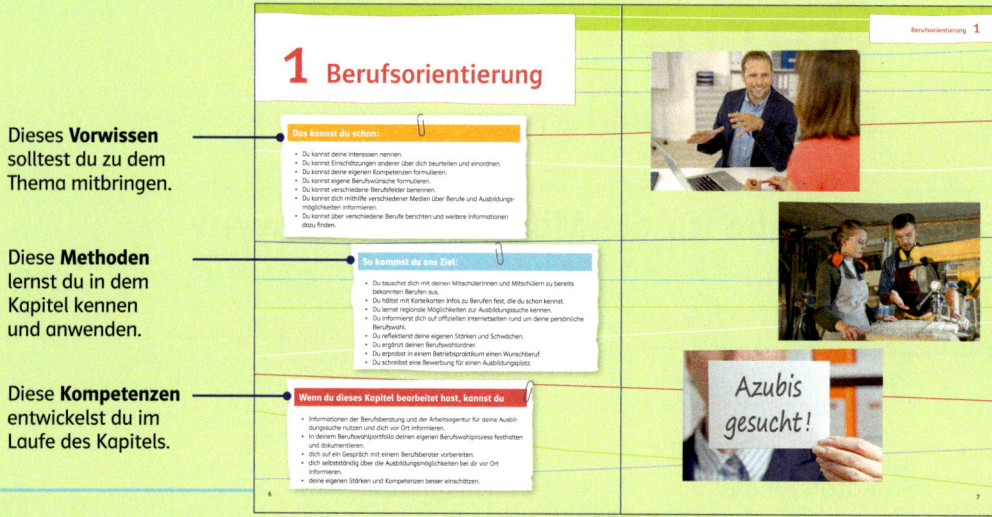

Themenseiten

Hier erfährst du alles Wichtige zu einem Thema.

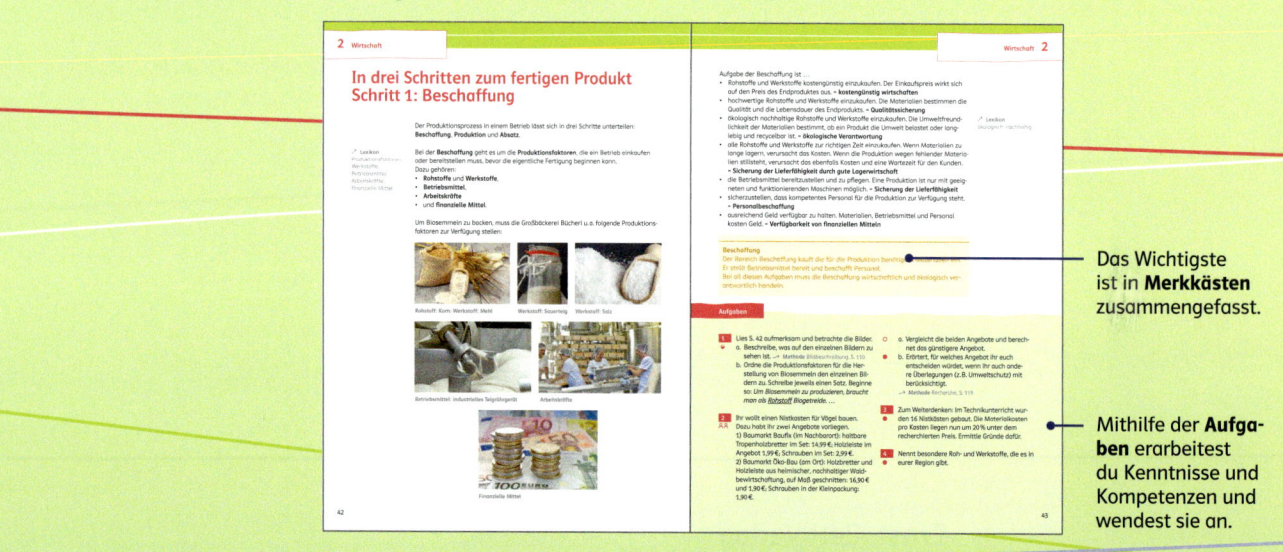

Das Wichtigste ist in **Merkkästen** zusammengefasst.

Mithilfe der **Aufgaben** erarbeitest du Kenntnisse und Kompetenzen und wendest sie an.

Methodenkarten

Schritt-für-Schritt-Erklärungen zu Methoden finden
sich im ganzen Buch verteilt. Die wichtigsten
Methoden kannst du im Anhang jederzeit nachschlagen.

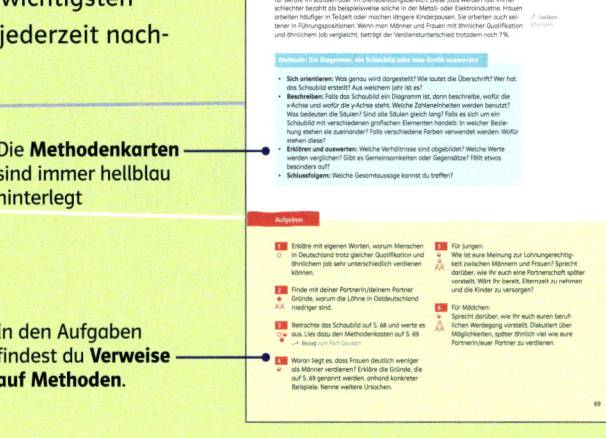

Die **Methodenkarten**
sind immer hellblau
hinterlegt

In den Aufgaben
findest du **Verweise
auf Methoden**.

Projektseite

Hier lernst du Schritt für Schritt, ein Projekt
zu planen, durchzuführen, Ergebnisse zu
präsentieren und das Projekt zu reflektieren.

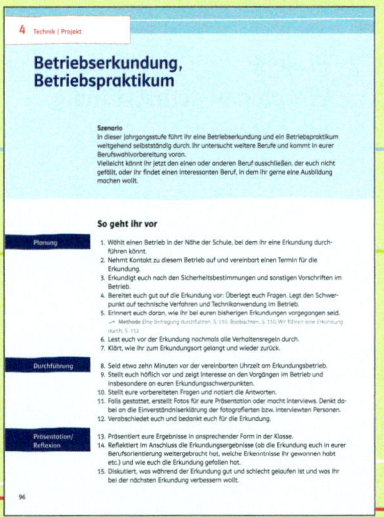

Abschlussseite

Die Abschlussseite fasst noch einmal zusammen,
was du in dem Kapitel gelernt hast (Wissen und
Können).

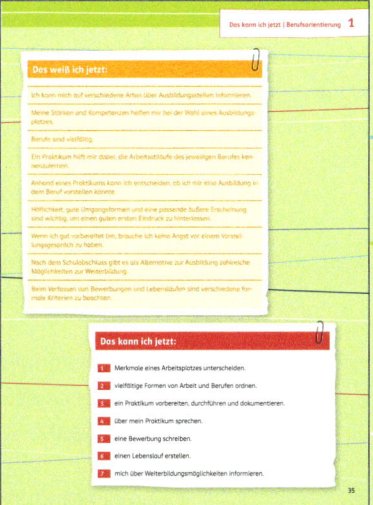

Zeichen und Symbole im Buch

Aufgaben

Gruppenaufgaben	○	… leicht
Partneraufgaben	◑	… mittel
	●	… schwer
	M	… M-Zug

Verweise …

↗ … auf Methoden

↗ … auf schwierige
Begriffe im Lexikon

Inhalt

1 Berufsorientierung

Das kannst du schon:

- Du kannst deine Interessen nennen.
- Du kannst Einschätzungen anderer über dich beurteilen und einordnen.
- Du kannst deine eigenen Kompetenzen formulieren.
- Du kannst eigene Berufswünsche formulieren.
- Du kannst verschiedene Berufsfelder benennen.
- Du kannst dich mithilfe verschiedener Medien über Berufe und Ausbildungs-möglichkeiten informieren.
- Du kannst über verschiedene Berufe berichten und weitere Informationen dazu finden.

So kommst du ans Ziel:

- Du tauschst dich mit deinen Mitschülerinnen und Mitschülern zu bereits bekannten Berufen aus.
- Du hältst mit Karteikarten Infos zu Berufen fest, die du schon kennst.
- Du lernst regionale Möglichkeiten zur Ausbildungssuche kennen.
- Du informierst dich auf offiziellen Internetseiten rund um deine persönliche Berufswahl.
- Du reflektierst deine eigenen Stärken und Schwächen.
- Du ergänzt deinen Berufswahlordner.
- Du erprobst in einem Betriebspraktikum einen Wunschberuf.
- Du schreibst eine Bewerbung für einen Ausbildungsplatz.

Wenn du dieses Kapitel bearbeitet hast, kannst du

- Informationen der Berufsberatung und der Arbeitsagentur für deine Ausbil-dungssuche nutzen und dich vor Ort informieren.
- in deinem Berufswahlportfolio deinen eigenen Berufswahlprozess festhalten und dokumentieren.
- dich auf ein Gespräch mit einem Berufsberater vorbereiten.
- dich selbstständig über die Ausbildungsmöglichkeiten bei dir vor Ort informieren.
- deine eigenen Stärken und Kompetenzen besser einschätzen.

Wo kann ich mich informieren?

Ausbildung in Parsberg
Alle Lehrstellen auf einen Blick

Aus dem vergangenen Schuljahr kennst du bereits das Nachschlagewerk „Beruf aktuell" der Arbeitsagentur. Neben diesem Lexikon für Berufe gibt die Arbeitsagentur auch regelmäßig die Zeitschrift „planet-beruf.de" heraus.

Darin findest du aktuelle Themen und Tipps, die für deinen Berufswahlprozess wichtig sind. Beispielsweise kannst du dich über die Auswirkungen der digitalen Arbeitswelt 4.0 auf deine Ausbildung oder deine Bewerbung informieren. „planet-beruf.de" ist bundesweit als Druckausgabe erhältlich oder online abrufbar.

Daneben gibt es auch Initiativen vor Ort, die einen Überblick über den Ausbildungsmarkt in der jeweiligen Region geben. Hier findet man freie Ausbildungsberufe in alphabetischer Ordnung zusammen mit den Firmen, die sie anbieten.

Aufgaben

1 Sieh dir die Handreichung über die Lehrstellen in Parsberg an. Recherchiert ähnliche Angebote bei euch vor Ort. Würdet ihr so ein Infoheft nutzen? Tauscht euch aus.

2 Warum wollen Städte und Gemeinden, dass die jungen Leute ihre Ausbildungen vor Ort machen? Erkläre.

3 a. Möchtest du eine Ausbildung in deinem Heimatort finden? Begründe.

b. Listet die Möglichkeiten zur Ausbildung bei euch vor Ort auf.

4 a. Besorgt euch die aktuelle Ausgabe der „planet-beruf.de". Fragt dafür bei eurem zuständigen Berufsberater nach oder lest die Zeitschrift online.

b. Erläutere, welche Informationen du bereits von der Vorderseite bekommst.

c. Beschreibe das Schwerpunktthema der Ausgabe.

d. Nenne die vorgestellten Berufe.

Informationen über verschiedene Betriebe bekommst du im Internet und bei der Arbeitsagentur oder in deren Publikationen. Viele Firmen stellen sich auf ihren Webseiten vor.

Auf sogenannten Ausbildungsmessen kannst du mit Mitarbeitern von Betrieben aus deiner Region in direkten, persönlichen Kontakt treten. Hier hast du die Möglichkeit, dir an einem Ort mehrere Anbieter gleichzeitig anzuschauen. Du kannst dich über Ausbildungsberufe und -möglichkeiten informieren. Und du kannst den Experten Fragen stellen. Sie werden dir wichtige Hinweise geben, die du brauchst, um in deinem Berufswahlprozess weiterzukommen.

↗ **Lexikon**
Publikation

Aufgaben

1 ○ Informiere dich bei deiner Lehrkraft, im Internet oder bei deiner Berufsberatung, ob in deiner Region oder sogar in deiner Schule eine Ausbildungsmesse abgehalten wird.

2 ◐ 🧍🧍 Überlege dir mit einer Partnerin/einem Partner, welche Fragen du einem Ausbilder auf einer solchen Messe stellen würdest. Notiert diese auf Karteikarten.

3 ◐ 🧍🧍 Wie findest du es, wenn sich verschiedene Firmen an einem Ort präsentieren? Was versprechen sich die Firmen davon? Diskutiert.

4 ● Liste stichpunktartig Vorteile auf, die eine Ausbildungsmesse gegenüber „planet-beruf.de" oder der Website einer Firma haben könnten. Begründe deine Meinung.

5 ● M Fragt eure Lehrkraft, ob ihr selbst Firmen einladen dürft. Organisiert eine eigene Ausbildungsmesse an eurer Schule.

Die Berufswahl dokumentieren

Im vergangenen Schuljahr hast du dir einen eigenen Berufswahlordner angelegt. Am Ende der siebten Klasse solltest du darin alle wichtigen Informationen zu deiner Berufsvorbereitung gesammelt und festgehalten haben. Im Berufswahlordner hast du später alle Unterlagen schnell und übersichtlich zur Hand, wenn du eine Bewerbung schreibst oder wenn du zu einem Vorstellungsgespräch eingeladen wirst.

An deinem zukünftigen Ausbildungs- und Arbeitsplatz solltest du strukturiert an deine Aufgaben herangehen. Ordentliches Arbeiten kannst du bereits anhand deines Berufswahlordners üben. Vor allem der Abschnitt, in dem du deine persönlichen Kenntnisse, Kompetenzen und Erfolge dokumentierst, hilft dir bei einem Vorstellungsgespräch. Sortiere alle Dokumente wie Praktikumsbestätigungen, Zeugnisse, Urkunden über Vereinstätigkeiten etc. übersichtlich und hefte sie ab. Es spart dir später viel Arbeit und Zeit, wenn du all deine Unterlagen sofort griffbereit hast und zu einem Gespräch mitnehmen kannst.

Aufgaben

1 Betrachte die beiden Zeichnungen und schätze dich selbst ein. Bist du eher der ordentliche oder eher der chaotische Typ?

2 Beschreibe die Vorteile, wenn deine Unterlagen zur Berufswahl geordnet sind.

3 Sieh dir deinen Ordner noch einmal genau an. Erkläre, wie er aufgebaut ist und was man darin festhalten kann.

4 Hast du seit dem letzten Schuljahr weitere Unterlagen hinzugefügt, z. B. aus einem freiwilligen Praktikum, einer Ferienarbeit oder einer ehrenamtlichen Tätigkeit? Berichte.

5 Welche Unterlagen könnt ihr im Laufe dieses Schuljahrs ergänzen? Tauscht euch aus.

Aufregung beim Vorstellungsgespräch muss nicht sein

In diesem Schuljahr wirst du dich im Rahmen deines Berufswahlprozesses um ein oder zwei Praktika bewerben. Diese werden dir einen Vorgeschmack auf deinen späteren Ausbildungsberuf geben. Manchmal musst du sogar für ein Praktikum ein Vorstellungsgespräch absolvieren, damit sich die Ausbilder ein Bild von dir machen können. Da diese Situation neu und ungewohnt für dich ist, wirst du wahrscheinlich etwas nervös sein. Das ist ganz normal. Auf ein Vorstellungsgespräch kannst du dich gut vorbereiten, sodass du einen positiven Eindruck hinterlassen wirst.

Aufgabe

1 ○ Betrachte die Bilder. Welcher der drei Typen gefällt dir am besten? Begründe.

2 ● 🧑‍🤝‍🧑 Was sollte man bei einem Vorstellungsgespräch tun und was nicht? Besprich dich mit deiner Partnerin/deinem Partner. Erstellt eine Liste, was man zu tun und was man zu lassen hat.

3 ● Erkläre, wie du dich auf ein Vorstellungsgespräch vorbereiten kannst.

4 ● 🧑‍🤝‍🧑 Überlege mit deiner Partnerin/deinem Partner Punkte, auf die es zu achten gilt, bezüglich
a. Kleidung,
b. Auftreten,
c. Gespräch.

Der erste Eindruck zählt

Bei einem Vorstellungsgespräch ist der erste Eindruck sehr wichtig. Daher solltest du in ordentlicher Kleidung erscheinen. So sammelst du bereits Pluspunkte, bevor du überhaupt irgendetwas gesagt hast.

Ein guter erster Eindruck verstärkt sich durch dein Verhalten bei der Begrüßung. Ein höfliches, respektvolles und selbstbewusstes Auftreten trägt wesentlich dazu bei, einen Arbeitgeber von dir zu überzeugen. Dein Gesprächspartner hat Verständnis dafür, dass die Situation für dich neu und vielleicht auch unangenehm ist. Deshalb besteht kein Anlass für übertriebene Ängste oder dazu, sich zu verstecken.

Bei der Wahl deiner Kleidung für ein Vorstellungsgespräch solltest du darauf achten, dass sie sauber, ordentlich und auch ein wenig schick ist. Du solltest bequeme Kleidung wählen, in der du dich wohlfühlst. Ziehst du etwas nicht gerne an, kann das schnell „verkleidet" wirken.

gelangweilt	*selbstbewusst*	*arrogant*
schüchtern	*interessiert*	*genervt*
ängstlich	*aggressiv*	*nervös*

Aufgaben

1 Sieh dir die Bilder auf S. 12 an. Berate dich mit deiner Partnerin/deinem Partner, welcher Kleidungsstil für ein Vorstellungsgespräch optimal ist und warum andere Outfits eher ungeeignet sind.

2 Suche dir zu Hause passende Kleidung für ein Vorstellungsgespräch und fotografiere dich darin. Bring das Foto mit in die Schule. Besprecht innerhalb eines Galeriegangs, ob ihr an eurem Erscheinungsbild noch etwas verbessern könnt.
→ **Methode** Galeriegang, S. 114

3 Seht euch die Bilder von S. 12 und 13 noch einmal an. Besprecht, welche Wirkung die jeweilige Körperhaltung der Person bei einem Gegenüber erzeugt.

4 Nicht nur die Kleidung, sondern auch Körpersprache und Auftreten tragen zu einem guten Eindruck bei.
a. Überlegt gemeinsam Adjektive, die auf eine Körperhaltung, einen Gesichtsausdruck oder eine Stimmung zutreffen.
b. Spielt die Begriffe pantomimisch nach.
c. Beurteilt, welche Begriffe zu einem positiven Verlauf eines Vorstellungsgespräches passen.

Welche Fragen kommen im Vorstellungsgespräch auf mich zu?

In einem Vorstellungsgespräch werden dir viele Fragen gestellt, damit dich dein zukünftiger Ausbilder und/oder Arbeitgeber besser kennenlernen. Anhand des Gesprächsverlaufs kann sich dein Gesprächspartner außerdem ein Bild davon machen, ob du in den Betrieb passt und ob du für eine Ausbildung geeignet bist.

Die Fragen, die dir gestellt werden, lassen sich im Wesentlichen in vier Kategorien einordnen:

Fragen zu deiner Person
Das zeichnet mich aus!

Fragen zum Lebenslauf
Das kann ich!

Fragen zur Berufswahl
Das ist mein Wunschberuf!

Fragen zum Unternehmen
Das weiß ich!

Womit beschäftigst du dich in deiner Freizeit?

Was sind deine Eltern von Beruf?

Warum sollten wir uns für dich entscheiden?

Wie viel Zeit verbringst du täglich am Computer?

Was sind deine persönlichen Ziele für die Zukunft?

Was sind deine Stärken und Schwächen?

Hast du Pflichten im Haushalt?

Wo konntest du schon praktische Erfahrungen sammeln?

Was sind deine Lieblingsfächer, und warum?

Was reizt dich an diesem Ausbildungsberuf?

Wie bist du auf unsere Firma aufmerksam geworden?

Was weißt du bereits über unsere Firma?

Wie bereite ich mich auf ein Vorstellungsgespräch vor?

Fragen zu deiner Person, deinem Lebenslauf, deinen Interessen, deinen Stärken und Schwächen kannst du sicherlich am besten beantworten. Schließlich bist du der Experte für dich!

Sinnvoll ist es, sich über den Beruf und die Ausbildung im Vorfeld zu informieren, sodass du die Ausbildungsinhalte bereits kennst. So zeigst du dein Interesse und kannst dich an einem Gespräch darüber beteiligen.

Auch solltest du dich vorab über das Unternehmen informieren, bei dem du dich bewirbst. Dadurch, dass du hier Kenntnisse vorweist, unterstreichst du die Ernsthaftigkeit deiner Bewerbung bei dieser Firma.

Aufgaben

1 Ordnet die Fragen, die bei einem Vorstellungsgespräch gestellt werden können, den verschiedenen Kategorien zu.

2 Überlege dir zu jeder Frage eine Antwort, die auf dich zutrifft.

3 Überlegt euch weitere Fragen, die euch gestellt werden könnten.

4 Spielt ein Vorstellungsgespräch in einem Rollenspiel nach. Beginnt mit der Begrüßung und denkt auch an eine höfliche Verabschiedung.

5 Überlege dir mit einer Partnerin/einem Partner Fragen an den Personalleiter, z.B.:
„An welchem ihrer Firmenstandorte findet die Ausbildung statt?"
„Gibt es eine Lehrwerkstatt?"

6 Beobachtet euch gegenseitig beim Vorstellungsgespräch. Gebt euch gegenseitig ein Feedback darüber, was gut gelaufen ist, und was noch verbessert werden kann.

Wie finde ich eine Ausbildungsstelle?

Du kennst bereits einige Möglichkeiten, dich über verschiedene Berufe zu informieren. Auf Messen oder im Internet werden ebenfalls Ausbildungsstellen angeboten. Die Firmen schreiben dort online sogenannte **Stellenanzeigen** aus. Darin beschreiben sie, welche Ausbildungsmöglichkeiten sie anbieten und welche Fähigkeiten und Kompetenzen die Bewerber mitbringen sollten.

Azubi zur Industriekauffrau/zum Industriekaufmann gesucht

Stellenbeschreibung

Dir macht der Umgang mit dem PC Freude? Du arbeitest gerne mit Menschen zusammen? Dann wird dir der Beruf der Industriekauffrau/des Industriekaufmannes gefallen.

Als Industriekauffrau/-mann bist du in alle Unternehmensabläufe eingebunden: von der Auftragseinholung über den Kontakt mit Lieferanten bis hin zur Durchführung von Aufträgen und den Service/Kontakt mit Kunden.

Du schreibst Angebote an Kunden. Du holst Angebote von Zulieferern für Teile ein, die wir für die Produktion einkaufen, und organisierst deren Bestellung. Du erfasst Aufträge und schreibst Rechnungen an die Kunden.

Wenn du einen abwechslungsreichen Ausbildungsplatz in einem modernen Unternehmen suchst, bist du bei uns genau richtig!

Ausbildungsablauf

- Dauer: drei Jahre
- duale Ausbildung im Betrieb und an ein bis zwei Tagen pro Woche in der Berufsschule Neumarkt
- Durchlaufen verschiedener Abteilungen: Empfang, Auftragsverwaltung, Einkauf, Vertrieb, Personal, Buchhaltung

Dein Profil

- Schulabschluss: mittlerer Schulabschluss mit guten/sehr guten Noten im Abschlusszeugnis
- Grundkenntnisse in der gängigen Office-Software
- gute Schulleistungen in Mathematik, Deutsch und Englisch
- Teamfähigkeit, selbstständige Arbeitsweise

Deine Bewerbung mit einem **Lebenslauf** sendest du an
Graph Unternehmensgruppe
Von-Hassel-Ring 26–28
92318 Neumarkt
bewerbung@graph-ug.de

Die Bundesagentur für Arbeit bietet auf ihrer Homepage einen eService zur Online-vermittlung an. Dafür musst du dich registrieren. Es empfiehlt sich, ein Bewerberprofil anzulegen. Mit diesem Bewerberprofil können Arbeitgeber dich finden und auf dich zukommen. Dennoch solltest du auf jeden Fall deine Ausbildungsplatzsuche selbst aktiv angehen.

In deinem Bewerberprofil kannst du deine Stärken und Kompetenzen aufzeigen. Arbeit-geber können deinen Lebenslauf einsehen und bei Interesse dir sofort eine Rückmel-dung geben. Du hast zusätzlich die Möglichkeit, selbst ein Stellengesuch aufzugeben, durch das du vielleicht den richtigen Arbeitgeber findest.

Aufgaben

1 Zähle die Informationen zum Beruf auf, die du mithilfe der Stellenanzeige von S. 16 erhältst.

2 Untersucht die Stellenanzeige und stellt fest,
a. wer einen Ausbildungsplatz anbietet.
b. wer in der Anzeige angesprochen wird.
c. welcher Ausbildungsplatz angeboten wird.
d. was man über die Ausbildung erfährt.
e. welche Grundvoraussetzungen die Bewerbe-rin/der Bewerber mitbringen sollte.

3 Nenne weitere Voraussetzungen, die man für den Ausbildungsplatz benötigt.

4 Erläutere, ob das Unternehmen weitere Fähig-keiten und Fertigkeiten der Bewerberin/des Bewerbers erwartet.

5 Ermittle, ob die Anzeige Hinweise auf die Arbeitszeit und die Vergütung gibt.

6 a. Melde dich bei der Onlinevermittlung der Bundesagentur für Arbeit an. Erstelle ein Bewerberprofil mit deinen Fähigkeiten und deinem Lebenslauf.
b. Diskutiert die Vor- und Nachteile einer der-artigen Onlinevermittlung.

Meine Stärken erkennen

Ein Schreiner muss Pläne lesen und umsetzen können, eine Köchin Rezepte kennen und Gerichte zubereiten können.

In deiner Ausbildung wirst du lernen, auf welche fachlichen Kompetenzen es in deinem Wunschberuf ankommt. Neben diesen **Fachkompetenzen** sind noch weitere gefragt.

Da diese Kompetenzen den „Schlüssel" für deinen eigenen beruflichen Weg darstellen, nennt man sie auch **Schlüsselkompetenzen**.

Die wichtigsten Schlüsselkompetenzen sind:

↗ **Lexikon**
Selbstkompetenz,
Sozialkompetenz,
Methodenkompetenz

- **Selbstkompetenz**: Verantwortungsbewusstsein, Zuverlässigkeit, Selbstständigkeit, Lern- und Leistungsbereitschaft, Kreativität,
- **Sozialkompetenz**: Teamfähigkeit, Konfliktfähigkeit, Kommunikationsfähigkeit, Umgangsformen,
- **Methodenkompetenz**: Informationsbeschaffung, Lern- und Arbeitstechniken, Computerkenntnisse.

Viele Betriebe suchen gezielt Auszubildende mit passenden Kompetenzen für den Betrieb und das jeweilige Berufsfeld. Sie haben bestimmte Vorstellungen, welche Schlüsselkompetenzen die Bewerberinnen und Bewerber mitbringen müssen, um gut in die Firma zu passen. Welche Kompetenzen erforderlich sind, unterscheidet sich von Berufsfeld zu Berufsfeld.

Ausbildungsreife – was zählt dazu?

So viel Prozent der befragten Unternehmen halten diese Kompetenzen bereits zu Beginn der Ausbildung für zwingend erforderlich.

bis 29 %
Kreativität (26 %)
Betriebswirtschaftliche Kenntnisse (23 %)
Grundkenntnisse der englischen Sprache (13 %)

30 bis 49 %
Körperliche Belastbarkeit (49 %)
Computer-Grundkenntnisse (47 %)
Schriftliche Ausdrucksfähigkeit (41 %)
Mathematische Grundkenntnisse der Längen-, Flächen- und Volumenmaße (39 %)

50 bis 79 %
Problemlösefähigkeit (77 %)
Flexibilität (76 %)
Kenntnis der eigenen Fähigkeiten (76 %)
Frustrationstoleranz (76 %)
Prozentrechnung (75 %)
Dreisatzrechnung (71 %)
Psychische Belastbarkeit (71 %)
Kommunikationsfähigkeit (68 %)
Wissen über den Ausbildungsberuf (67 %)
Selbstständigkeit (62 %)
Mündliche Ausdrucksfähigkeit (61 %)
Entwicklungspotenzial (57 %)
Teamfähigkeit (56 %)
Rechtschreibung (56 %)
Selbstsicherheit (50 %)

80 % und mehr
Zuverlässigkeit (98 %)
Lernbereitschaft (98 %)
Bereitschaft, Leistung zu zeigen (95 %)
Verantwortungsbewusstsein (94 %)
Konzentrationsfähigkeit (92 %)
Durchhaltevermögen (91 %)
Beherrschung der Grundrechenarten (91 %)
Einfaches Kopfrechnen (91 %)
Sorgfalt (90 %)
Rücksichtnahme (89 %)
Höflichkeit (87 %)
Toleranz (85 %)
Fähigkeit zur Selbstkritik (85 %)
Konfliktfähigkeit (83 %)
Anpassungsfähigkeit (82 %)
Bereitschaft, sich in der betrieblichen Hierarchie einzuordnen (81 %)

Quelle: BIBB Expertenmonitor 2005

Du hast zwar noch wenig Berufserfahrung, bringst jedoch deine Stärken und Kompetenzen mit. Im vergangenen Schuljahr hast du einen Kompetenzcheck gemacht und weißt, was du gut kannst.

Mit einem Fragebogen stellt Simon seine Kompetenzen fest.

	1	2	3	4	5
Körperliche Ausdauer	X	X	X		
Geschicklichkeit	X	X	X	X	X
Räumliches Denken	X	X	X	X	X
Textverständnis	X	X			
Organisationsfähigkeit	X	X	X		
Hilfsbereitschaft	X	X	X	X	
Kritikfähigkeit	X	X			
Selbstständigkeit	X	X	X		
Leistungsbereitschaft	X	X	X		
Durchhaltevermögen	X	X	X	X	
Kommunikationsfähigkeit	X	X			

Hinweis: 1 = schwach; 5 = stark

Fremdeinschätzung

Nicht nur du selbst hast ein Bild von dir und deinen Fähigkeiten. Andere Menschen können oft gut beurteilen, was du kannst. Suche dir eine Person deines Vertrauens aus, die dich gut kennt. Bitte sie, den Fremdeinschätzungsbogen für dich auszufüllen. Er kann dir helfen, versteckte Talente zu finden, die du dir selbst vielleicht nicht zugetraut hättest.

Fremdeinschätzungsbogen für _____ erstellt von _____

Deine Fähigkeiten:

1 Belastbarkeit: Du bist körperlich belastbar. Bei anstrengenden Tätigkeiten zeigst du Ausdauer. ja O nein O

2 Handwerkliches Geschick: Du bist bei handwerklichen Tätigkeiten geschickt. Meistens gelingt dir, ja O nein O
was du dir vorgenommen hast.

3 Durchhaltevermögen: Du kannst ein Ziel oder eine Aufgabe über einen längeren Zeitraum verfolgen, ja O nein O
auch wenn es manchmal schwierig wird.

Aufgaben

1 Sieh dir das Schaubild zur Ausbildungsreife auf S. 18 an und zähle auf, welche der dort aufgeführten Kompetenzen du bereits erworben hast.

2 Erstelle eine Mindmap mit deinen persönlichen Schlüsselkompetenzen.

3 Andere sehen dich oft ein wenig anders als du dich selbst. Bitte deine Partnerin/deinen Partner darum, eine Mindmap zu deinen Schlüsselkompetenzen aus ihrer/seiner Sichtweise zu erstellen.

4 Ergänze deine Mindmap mit den Kompetenzen, die deine Partnerin/dein Partner aufgeführt hat.

5 Ermittelt gemeinsam, welche weiteren Kompetenzen die Ausbilder von euch fordern könnten. Das Schaubild hilft euch hierbei. Wie kann man fehlende Kompetenzen erwerben und trainieren? Überlegt und recherchiert im Tandem.

Vielfalt beruflicher Arbeit

In Deutschland gibt es rund 400 Ausbildungsberufe. Da fällt die Entscheidung für den richtigen Beruf nicht immer leicht.

Bevor du überprüfst, ob die Anforderungen deines Wunschberufes zu deinem Kompetenzprofil passen, ist es vielleicht hilfreich für dich, die verschiedenen Berufsbilder, die du bereits kennengelernt hast, zu ordnen und zu strukturieren. Viele Berufe kannst du in vier verschiedene Kategorien einordnen.

Industrie   Handwerk   Handel   Dienstleistung

Krankenpfleger/in   Altenpfleger/in   Industriekaufmann/-frau   Bankkaufmann/-frau

Kinderpfleger/in   Erzieher/in   Werkzeugmacher/in   Verkäufer/in   Elektriker/in

Einzelhandelskaufmann/-frau   Drogerist/in   Schreiner/Schreinerin   Fräser/in

Zimmerer/Zimmerin   Bäcker/in   Konditor/in   Fachkraft für Lagerlogistik

Zerspanungsmechaniker/in   Fachkraft für Metalltechnik   Restaurantfachmann/-frau

Medizinisch-technische/r Assistent/in   Technische/r Produktdesigner/in

Fachkraft für Systemgastronomie   Pharmazeutisch-technische/r Assistent/in

Aufgaben

1 Ordnet die angegebenen Berufe den einzelnen Oberbegriffen zu. Erstellt vier Plakate.

2 Ergänzt die Plakate mit weiteren Berufen.

3 Suche dir mit deiner Partnerin/deinem Partner zusammen einen der Berufe auf dem Plakat aus. Informiert euch über das dazugehörige Berufsbild.

4 Erstellt zu dem gewählten Beruf aus Aufgabe 3 eine Karte für eure Berufekartei.

5 Ordnet eure bestehenden Karten aus der Berufekartei den vier Oberbegriffen zu.

Gummibärchen mag jeder gerne. Wusstest du, wie viele Menschen Hand in Hand arbeiten müssen, bis ein Gummibärchen fertig zum Verzehr vor dir liegt?

Einzelhändler/in   Produktionsmitarbeiter/in   Maurer/in   Lebensmittelchemiker/in

Zimmerer/Zimmerin   Sekretär/in   Architekt/in   Industriekaufmann/-frau

LKW-Fahrer/in   Produktdesigner/in   Lagerist/in   Produkttester/in

Ich mag gerne organisieren und Menschen weiterhelfen, wenn sie Fragen haben.

Ich finde es schön, unterwegs zu sein und neue Gegenden und Leute kennenzulernen.

Ich freue mich, wenn ich an der frischen Luft arbeiten und etwas Neues bauen kann, das lange hält.

Ich arbeite gerne strukturiert und mag es, auch größere Maschinen, wie den Gabelstapler zu bedienen. Der Umgang mit vielen Menschen ist eher nicht so meins.

Ich finde es toll, neue Geschmacksrichtungen zu entwickeln, die den Kunden schmecken. Sehe ich dann unsere Produkte im Laden, macht mich das sogar ein wenig stolz.

Aufgaben

1 ○ Welche Berufe braucht man, bis das fertige Gummibärchen bei dir zu Hause ist? Bringe die Berufe oben in eine sinnvolle Reihenfolge.

2 ● M 요요 Überlegt gemeinsam, welche weiteren Berufe zur Fertigung des Gummibärchens zusätzlich nötig sind. Ergänzt eure Liste.

3 ◓ 요요 Seht in eurer Berufekartei nach, welche Berufe aus den Aufgaben 1 und 2 ihr bereits dokumentiert habt. Ergänzt weitere Berufe.

4 ○ Lies die Aussagen in den obigen Sprechblasen durch und ordne sie Berufen zu.

Ein Praktikum vorbereiten

In diesem Schuljahr wirst du ein mindestens einwöchiges Betriebspraktikum (M-Zug) bzw. zwei jeweils mindestens einwöchige Betriebspraktika (Regelklasse) absolvieren. Während des Praktikums arbeitest du in einem Betrieb mit. Du bekommst dort einen Einblick in die Arbeitswelt und in die täglichen Betriebsabläufe. So erlebst du unmittelbar die Anforderungen, Besonderheiten und Arbeitstätigkeiten der entsprechenden Berufe. Außerdem lernst du die Mitarbeiter des Betriebes kennen. Du kannst den Experten in diesem Bereich alle Fragen stellen, die dich interessieren. Zudem hast du die Gelegenheit, deine eigenen Stärken und Kompetenzen in der Praxis zu erproben und zu verbessern.

Ich fand mein Praktikum sehr spannend. Es war ziemlich anstrengend, acht Stunden fast ununterbrochen zu stehen und körperlich zu arbeiten.
Ich habe mir genau angesehen, was ein Elektriker alles leisten und wissen muss. Jetzt bin ich überzeugt davon, dass ich diesen Beruf erlernen möchte.
Der Chef hat mir gesagt, dass ich gut mitgearbeitet habe. Er hat mir sogar einen Ausbildungsplatz in Aussicht gestellt.

Max (14)

Ich war eine Woche lang beim Friseur und durfte eigentlich nichts Spannendes machen. Meistens musste ich den Leuten die Haare waschen und die abgeschnittenen Haare zusammenkehren.
Nach acht Stunden Arbeit tat mir der Rücken weh. Trotzdem muss man immer freundlich zu den Kunden sein.
Ich habe im Praktikum festgestellt, dass der Beruf doch nicht das ist, was ich mir vorgestellt habe. Im nächsten Praktikum probiere ich einen anderen Beruf aus.

Anna (15)

Aufgaben

1 ○ Informiere dich bei deiner Lehrkraft, wann deine Klasse in diesem Schuljahr das Betriebspraktikum macht.
  a. Dauert euer Praktikum eine Woche oder zwei?
  b. Trage das Datum in deinen Kalender ein.

2 ◐ Lies die Praktikumsschilderungen von Max und Anna durch. Nenne Unterschiede.

3 ◐ Begründe, warum ein Betriebspraktikum sinnvoll ist.

4 ◐ Erläutere Vorteile, wenn man wie Anna feststellt, dass man den im Praktikum gewählten Beruf nicht erlernen will.

5 ● ᏘᏘ Nennt Kompetenzen, die ihr in einem Praktikum erwerben oder erproben könnt. Schreibt sie auf Wortkarten.

Die Schulen organisieren die Suche nach einem Praktikumsplatz unterschiedlich. Manche Schulen haben Listen oder Karteien mit Betrieben, die Praktikumsplätze für Schülerinnen und Schüler anbieten. Oft helfen Familienmitglieder dabei, einen geeigneten Betrieb zu finden.
Vielleicht hast du schon genaue Vorstellungen, in welchen Beruf und Betrieb du hineinschnuppern möchtest. In deiner Berufekartei hast du bereits etliche Ausbildungsberufe aufgenommen und dokumentiert.

Nutze deine Berufekartei, Suchmaschinen und Praktikumsbörsen im Internet.

Die Bundesagentur für Arbeit und die zuständigen Handwerkskammern haben oftmals Praktikumsbörsen. Informiere dich dort.

Schlage in Branchenverzeichnissen nach.

Praktikumsplätze finden

Befrage deine Familie, Bekannte und Freunde. Auch sie könnten dir Kontakte zu Betrieben vermitteln.

Suche nach Anzeigen in Zeitungen oder informiere dich auf Ausbildungsmessen.

Aufgaben

1 Fragt bei eurer Lehrkraft nach, wer an eurer Schule für die Berufsorientierung zuständig ist und ob es eine Kartei mit Praktikumsbetrieben oder Ähnliches gibt.

2 Sucht aus der Berufekartei Berufe an eurem Heimatort heraus. Recherchiert im Internet entsprechende Betriebe mit diesen Berufen.

3 Fragt bei den Betrieben nach, ob sie Praktikumsplätze anbieten.

4 Formuliere deine Erwartungen an das Praktikum.

5 Erstelle einen Steckbrief deines Praktikumsbetriebs. Präsentiere ihn deinen Mitschülerinnen und Mitschülern.

Ein Praktikum durchführen

Ein Betriebspraktikum ist eine große Chance für dich. Du lernst die Tagesabläufe in einem Betrieb kennen und erfährst mehr über den Beruf. Außerdem kannst du dich selbst ausprobieren. Im Praktikum solltest du dich von deiner besten Seite zeigen, denn es könnte dein zukünftiger Chef vor dir stehen. Außerdem erhältst du in vielen Betrieben Einblick in weitere Bereiche des Unternehmens. Falls sich diese Möglichkeiten bieten, solltest du sie unbedingt nutzen.

In einem Betrieb geht es anders zu als in der Schule. Oft musst du lang stehen oder körperlich anstrengende Arbeiten verrichten. Es könnte sein, dass du deine Arbeitspausen ohne deine Freunde verbringst, die vielleicht gerade in einem anderen Betrieb sind. Die Situation ist nicht nur für dich ungewohnt. Auch für die Mitarbeiter vor Ort ist dein Besuch und dein Praktikum nichts Alltägliches. Deshalb solltest du dich, wie auch in der Schule, an einige Regeln halten.

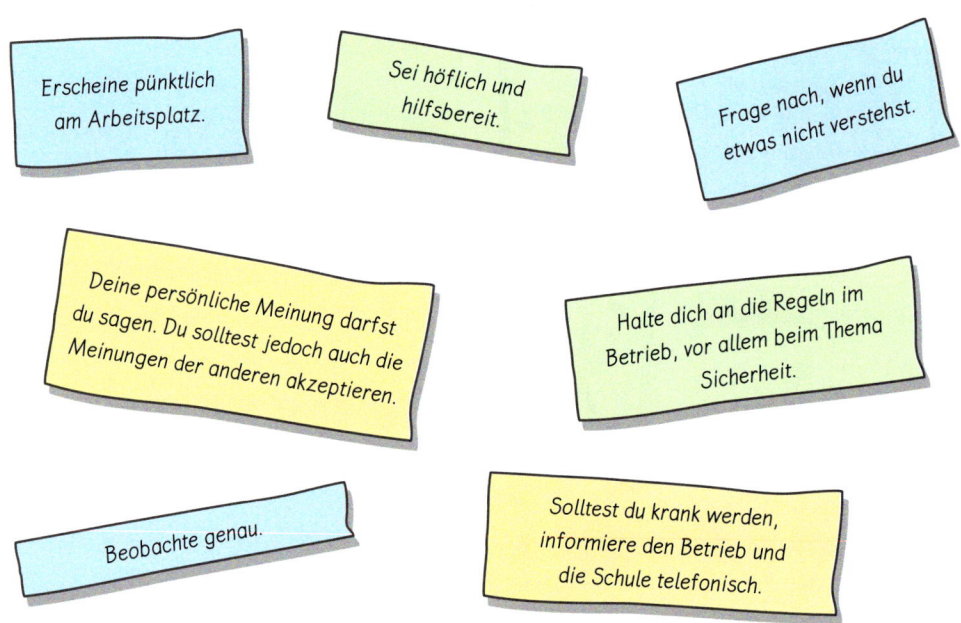

Erscheine pünktlich am Arbeitsplatz.

Sei höflich und hilfsbereit.

Frage nach, wenn du etwas nicht verstehst.

Deine persönliche Meinung darfst du sagen. Du solltest jedoch auch die Meinungen der anderen akzeptieren.

Halte dich an die Regeln im Betrieb, vor allem beim Thema Sicherheit.

Beobachte genau.

Solltest du krank werden, informiere den Betrieb und die Schule telefonisch.

Aufgaben

1 Gestaltet ein Merkplakat zum Thema „Was sind gute Umgangsformen in einem Betrieb?"

2 Welches Verhalten solltet ihr in einem Betrieb unbedingt vermeiden? Beispiele wären Kaugummikauen bei Kundengesprächen oder ständige Handybenutzung. Erstellt eine Hitliste für diese „No-Gos".

3 Überlege dir, was bei deinem Praktikum auf dich zukommen kann. Vielleicht ist auch Unangenehmes dabei. Erstelle eine Tabelle.

4 Welche Kompetenzen sind in deinem Praktikumsbetrieb gefragt? Erörtere, welche du überprüfen und trainieren kannst.

M

Ein Praktikum dokumentieren

Schon während deines Praktikums solltest du daran denken, dass du in der Schule darüber berichten musst. Deshalb ist es sinnvoll, bereits im Praktikum Informationen und passendes Material wie Flyer, Kataloge oder Infobroschüren zu sammeln. Frage im Betrieb nach, ob du Fotos machen darfst.

Auch später, in der Berufsschule, musst du die wichtigsten Schritte deiner Ausbildung dokumentieren. Dies kannst du jetzt schon im Praktikum trainieren.

Mit einem Tages- oder Wochenbericht hältst du alle Einzelheiten deiner Tätigkeiten fest. Damit ist es nach dem Praktikum für dich leichter, die Ergebnisse nachzubereiten und zu präsentieren. Du kannst deine Präsentation entweder als Tabelle oder als formulierten Text gestalten. Notiere stets die einzelnen Arbeitsschritte, die Zeit, den Ort, die Tätigkeiten und die Arbeitsmittel.

Praktikumsbericht

29.04.20..

von

Tizian Wittl

Horizontstraße 37a

92331 Parsberg

bei

Müller GmbH

Gewerbering 2

92331 Parsberg

Praktikumszeitraum vom 18.04.20.. bis zum 28.04.20..

Praktikumsbericht von Tizian Wittl bei Müller GmbH, Parsberg

Inhaltsverzeichnis

1. Praktikumssuche/Gründe für das Praktikum .... S. 3

2. Beschreibung der Firma .... S. 3

3. Meine Aufgaben während des Praktikums .... S. 4

4. Mein Arbeitstag: Arbeitsschritte, Zeit, Ort, Tätigkeiten, Arbeitsmittel .... S. 4

5. Auswertung des Praktikums .... S. 5

Tabellarischer Praktikumsbericht

Unternehmen: ...   Praktikant: ...

Datum	Arbeitszeit	Abteilung	Tätigkeitsschwerpunkte
...	...	...	...
...	...	...	...
...	...	...	...
...	...	...	...
...	...	...	...
...	...	...	...
...	...	...	...
...	...	...	...

Aufgaben

1 Besprecht mit eurer Lehrkraft die Form des Praktikumsberichts für eure Klasse.

2 Erstellt eine Checkliste für den Praktikumsbericht.

3 Fasst miteinander die Regeln für das Verfassen eines Berichts zusammen. Fragt bei eurer Deutschlehrkraft nach.

4 Nach dem Praktikum erhältst du eine Bestätigung des Betriebs mit einer Fremdeinschätzung, wie du gearbeitet hast. Vergleiche sie mit deiner Selbsteinschätzung.

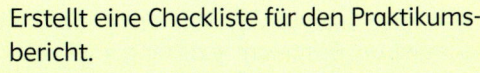

Mein Lebensweg: Wo komme ich her? Wo will ich hin?

↗ Lexikon
Rituale

Du bist nun in der achten Klasse und hast schon einiges geschafft.

Als kleines Kind hast du laufen und sprechen gelernt. Vielleicht hast du eine Kindertagesstätte besucht. Dort hast du gelernt, dich im Umgang mit anderen Kindern durchzusetzen oder nachzugeben. Du hast vielleicht erfahren, wie wichtig Rituale im Leben sind. Ganz nebenbei hast du deinen Wortschatz vergrößert und gelernt zuzuhören.

In der Schule hast du dich mit Rechnen, Schreiben und Lesen befasst. Das mag manchmal etwas mühsam gewesen sein. Vielleicht hast du schon die ersten Pokale bei einem Fußballturnier gewonnen oder eine Auszeichnung im Ballettunterricht erhalten oder in einem anderen Bereich, der dir wichtig ist.

Du kannst auf jeden deiner bisherigen Schritte stolz sein, ebenso wie deine Eltern, Geschwister, Großeltern und Freunde.

Nun stehst du vor einer weiteren großen Entscheidung in deinem Leben, deiner Berufswahl. Du möchtest einen Ausbildungsplatz finden, der möglichst gut zu dir passt.

Aufgaben

1 Beschreibe deinen bisherigen Lebensweg. Bringe Fotos mit und/oder zeichne deinen Lebensweg auf.

2 Führt einen Galeriegang durch. Seht euch die Lebenswege eurer Mitschülerinnen und Mitschüler an. Besprecht, was ihr gemeinsam habt und was euch unterscheidet.
↗ **Methode** Galeriegang, S. 114

Jeder Mensch hat einen eigenen Lebensplan. Oft ist man durch das Vorbild der eigenen Familie geprägt und will als Erwachsener ähnlich leben – oder völlig anders.

Du hast nun deinen Lebensweg bis zur achten Klasse aufgezeichnet. Beschreibe jetzt, wie dein Leben in 20 Jahren aussehen soll: Möchtest du verheiratet sein, ein Haus und eine große Familie haben? Willst du allein in einer schicken Wohnung leben? Willst du viel arbeiten und viel Geld verdienen oder lieber viel Freizeit haben? Ist dein Traum ein Sportwagen oder reicht dir ein praktisches Auto? Sprechen dich lange, ruhige Urlaube an oder eher spannende Kurzurlaube?

Wie für dein Leben allgemein sind auch für deine Berufswahl deine Wünsche und Wertvorstellungen wichtig. Daher solltest du, wenn du einen Ausbildungsplatz suchst, ein paar Jahre in die Zukunft schauen.

Sinem möchte mit Menschen zu tun haben, ist sich jedoch noch unschlüssig: „Ich arbeite gerne mit Leuten zusammen und leiste auch gerne etwas für sie. Der Bereich ‚Service' interessiert mich sehr, denn ich mag Abwechslung. Ich schwanke zwischen einer Ausbildung zur Automobilkauffrau und zur Hotelkauffrau."

Joshuas Vater ist selbstständiger Einzelhändler. „Für meinen Vater und für mich stand schon früh fest, dass ich das Geschäft einmal übernehmen werde. Nach der mittleren Reife will ich noch das Fachabitur machen und dann eine Ausbildung zum Handelsfachwirt anschließen."

Jakub wollte eigentlich Lehrer werden. Doch mit den Noten klappt es nicht so, wie er es sich vorgestellt hat. „Ich bin gerne mit Menschen zusammen, bin auch im Fußballverein und in der Jugendarbeit aktiv. Um mir klarer zu werden, was ich machen möchte, habe ich mich jetzt für ein Praktikum in einer inklusiven Kindertagesstätte beworben."

Aufgaben

1 Analysiere die beiden Berufsfelder für Sinems Wünsche. Überlege und erläutere, was du an Sinems Stelle wählen würdest.

2 Nenne zwei weitere Berufe, die zu Sinems Vorstellungen passen könnten.

3 Formuliert Fragen, die sich Joshua stellen sollte, wenn er den Vorstellungen seines Vaters fol-

gend das Einzelhandelsgeschäft übernehmen will.

4 Diskutiert die Auswirkungen, wenn jemand einen Beruf wählt, der
a. nicht zu seinen Stärken und Kompetenzen passt,
b. seinen Wertvorstellungen widerspricht.

Aus- und Weiterbildung

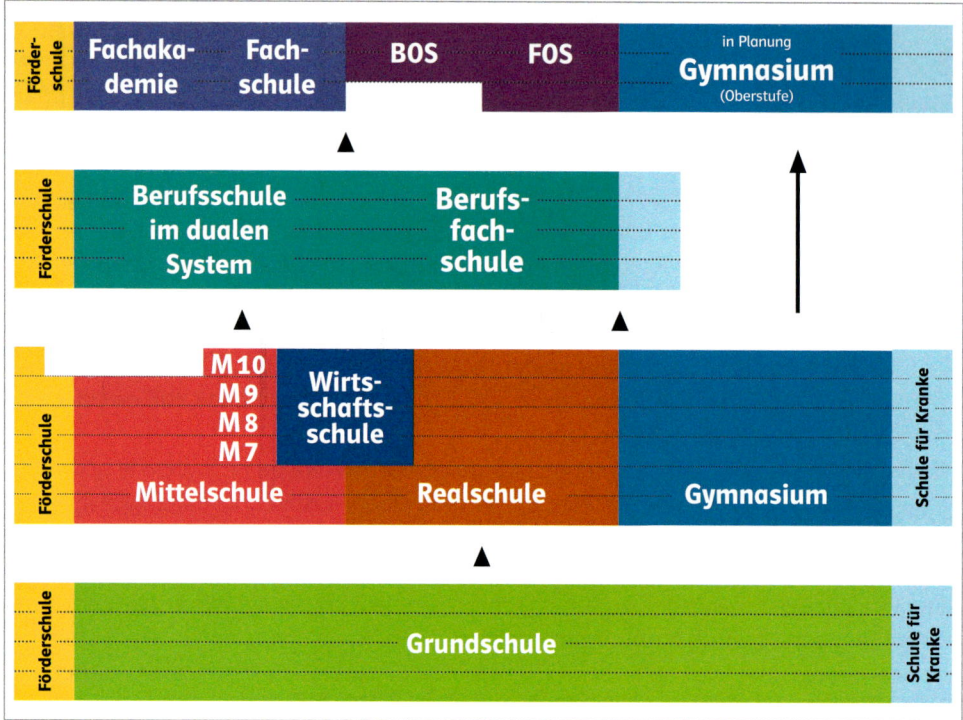

Manche in deiner Klasse haben sich vielleicht schon auf ihren späteren Beruf festgelegt. Die meisten wollen direkt nach dem Erfolgreichen Abschluss der Mittelschule, dem Qualifizierenden Abschluss der Mittelschule oder dem Mittleren Schulabschluss an der Mittelschule eine Ausbildung beginnen.

Es gibt jedoch auch die Alternative, weiterhin die Schule zu besuchen und weiterführende Schulabschlüsse zu erwerben. Die Webseite www.mein-bildungsweg.de des bayerischen Staatsministeriums für Unterricht und Kultus zeigt dir, wie du nach deinem Schulabschluss deinen Bildungsweg fortsetzen kannst. Dazu wählst du auf der interaktiven Webseite deinen Startpunkt und deinen gewünschten Schulabschluss aus. Du erhältst dann verschiedene Möglichkeiten, die dich zum Ziel führen. Über die einzelnen Wege kannst du dich auf der Webseite im Detail informieren, insbesondere, was die Übertrittsbedingungen auf weiterführende Schulen betrifft.

Die Arbeitswelt ist einem stetigen Wandel unterworfen. Neben der schulischen Weiterbildung bieten sich auch hier Möglichkeiten, in der Karriereleiter aufzusteigen oder sich beruflich anders zu orientieren. Die Digitalisierung und neue Technologien haben großen Einfluss auf die heutige Arbeitswelt. Arbeitsplätze werden internationaler und stellen neue Anforderungen an Betriebe, an Arbeitnehmer und an Auszubildende. Es entstehen neue Berufe wie z. B. Industrieelektriker/in oder Werksfeuerwehrmann/-frau. Altbekannte Berufe werden modernisiert. So entwickelte sich der/die Elektromechaniker/in zum/zur Systemelektroniker/in und der/die Fotolaborant/in zum/zur Mediengestalter/in Digital und Print.

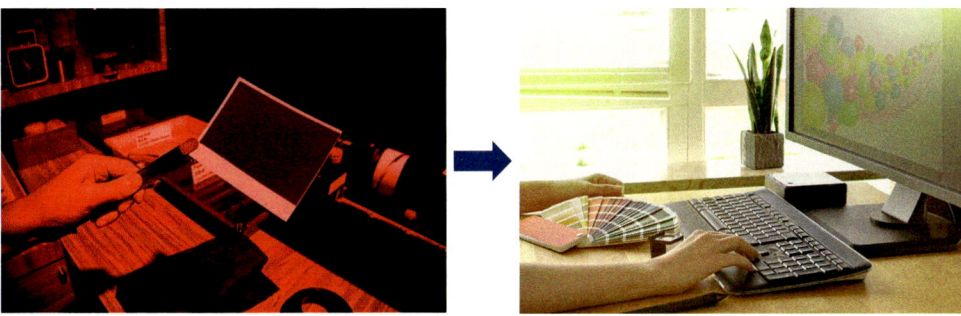

Alex: „Ich hätte nie gedacht, dass ich nach der Schule noch einmal weiterlernen würde. Ich hatte die Nase voll vom Lernen und wollte endlich mit meinen Händen arbeiten. Jetzt mache ich die Meisterschule und freue mich, in ein paar Jahren den Betrieb meines Chefs übernehmen zu können. So bin ich mein eigener Herr!"

Hanna: „Mit Kindern zu spielen hat mir schon immer Spaß gemacht. Die Arbeitsbelastung als Kinderpflegerin habe ich anfangs etwas unterschätzt. Es gehört viel mehr dazu, als in der Kita nur zu spielen und Bilderbücher anzuschauen. Ich arbeite gerne in meinem Team und freue mich, wenn ich die Kinder auf ihrem Weg in die Selbstständigkeit ein wenig miterziehen kann. Auch die Aufgaben der Gruppenleitung interessieren mich. Daher werde ich nach meiner Ausbildung zur Kinderpflegerin noch die Weiterbildung zur Erzieherin machen. Ich träume davon, einmal einen Kindergarten leiten zu dürfen."

Michi: „Nach meiner mittleren Reife habe ich die Ausbildung zur Bankkauffrau absolviert. Aber immer nur hinter dem Schalter zu stehen und Kunden zu bedienen, ist mir ehrlich gesagt zu langweilig. Ich möchte die Prozesse hinter meiner Arbeit verstehen und mache deshalb zusätzlich eine Ausbildung zur Betriebswirtin. So kann ich später mal im Ausland arbeiten und habe größere Aufstiegschancen."

Aufgaben

1 Recherchiere die schulischen Weiterbildungsangebote.
a. Besuche die Seite www.mein-bildungsweg.de und spiele deine persönlichen Möglichkeiten zur Weiterbildung durch.
b. Zeige deine Möglichkeiten nach deinem erstrebten Schulabschluss auf.

2 Lest die Aussagen der drei Jugendlichen durch.
a. Vergleicht ihre Aussagen und stellt ihre Motive dar, sich weiterzubilden.
b. Sammelt weitere Gründe, warum eine Weiterbildung sinnvoll sein kann.

3 Gibt es Gründe, die gegen eine Weiterbildung sprechen? Diskutiert.

4 Befragt außerhalb der Schule Freunde und Verwandte nach deren beruflichen Werdegängen. Haltet die Ergebnisse fest und stellt sie der Klasse vor.

5 Stichwort „lebenslanges Lernen": Besprecht, was man darunter versteht. Erläutert, warum dies für eure Zukunft wichtig sein wird.

Eine Bewerbung schreiben

Wenn du dich um einen Praktikumsplatz und später um einen Ausbildungsplatz bewirbst, ist ein guter erster Eindruck von dir unverzichtbar. Diesen gewinnt ein Unternehmen durch eine ordentliche Bewerbung. Deine Bewerbung besteht aus einem Deckblatt mit deinem Foto, deinem Bewerbungsschreiben und deinem tabellarischen Lebenslauf.
Dein Bewerbungsschreiben sollte fehlerfrei und verständlich formuliert sein.

Tizian Wittl

Persönliche Daten
Name   Tizian Wittl
Anschrift   Horizontstraße 37a
                92331 Parsberg
Tel.   09492 9876523
E-Mail   TizianWittl@bewerbung.de
geb.   16.07.20.. in Regensburg

Beruflicher Werdegang
April 20..   Firma Müller GmbH, Parsberg
                 Schülerpraktikum in der Abteilung Einkauf
                 • Datenerfassung
                 • administrative Tätigkeiten
Januar 20..   Firma Silberstreif KG, Parsberg
                 Schülerpraktikum als Zerspanungsmechaniker

Schulische Ausbildung
20.. – 20..   Grundschule Parsberg
20.. – 20..   Mittelschule Parsberg
                 Voraussichtlicher Abschluss: qualifizierender Mittelschulabschluss

Kenntnisse und Fähigkeiten
Fremdsprachen   Englisch gut in Wort und Schrift
PC-Kenntnisse   Office-Programme
                 10-Finger-Schreiben
                 Bildbearbeitung

Tizian Wittl

1 Ordne der auf S. 31 abgedruckten Bewerbung die folgenden Bestandteile zu.
- Grußformel
- Berufswunsch mit Begründung
- Einladungswunsch
- Anlagen
- Ort/Datum
- Unterschrift
- Anrede
- Kopf der Bewerbung (Absender)
- momentane Schulsituation
- Empfänger
- Grund für die Bewerbung
- Betreffzeile
- Begründung für die Wahl des Betriebs
- persönliche Qualifikationen/Berufsvoraussetzungen

2 Untersuche das Bewerbungsschreiben.
a. Welche inhaltlichen Aspekte werden in den einzelnen Abschnitten angesprochen?
b. An welchen Stellen bekommt man einen guten Eindruck von Tizians Stärken?

3 Lies den Arbeitstechnikkasten auf S. 32 durch und vergleiche mit dem Bewerbungsschreiben. Wie ist das Schreiben sprachlich gestaltet? In welcher Zeitform ist es geschrieben? Gibt es lange, verschachtelte Sätze? Wie lautet die Anrede? Welche formalen Merkmale weist der Text auf?

4 Wie würde deine Praktikumsbewerbung zu deinem Wunschberuf aussehen? Erstelle eine Bewerbung, die zu deinen Stärken und deinen Kompetenzen passt.

1
2
1 3 Tizian Wittl
4 Horizontstraße 37a
5 92331 Parsberg
6 Tel: 09492 9876523
7 TizianWittl@bewerbung.de
8
9
10
11
12
13
14
15
2 16 Koller Maschinenbau GmbH
17 Frau Alexandra Koller
18 Burgweg 42
19 92331 Parsberg
20
3 Parsberg, 14. Januar 20..
21
22
23
24
25
26
4 27 **Bewerbung um einen Praktikumsplatz als Industriekaufmann**
28
29
5 30 Sehr geehrte Frau Koller,
31
6 32 wie ich Ihrem Aufruf bei der Azubi-Infomesse im vergangenen Herbst entnehmen konnte, bieten Sie
33 für das kommende Ausbildungsjahr einen Praktikumsplatz als Industriekaufmann an. Aufgrund meiner
7 34 Interessen und meiner schulischen Vorkenntnisse würde ich später sehr gerne diesen Beruf erlernen.
35 Deshalb bewerbe ich mich bei Ihnen für diesen Praktikumsplatz.
36
8 37 Ich arbeite gerne am PC und bin sehr aufgeschlossen und zuverlässig. In der Schule übe ich derzeit
38 das Amt des dritten Schülersprechers aus. Das Mitgestalten des Schullebens und der Kontakt zu
39 meinen Mitschülerinnen und Mitschülern bereiten mir große Freude.
40 Gerne übernehme ich auch Verantwortung. So wurde ich zuletzt zum Jugendobmann der hiesigen
41 Feuerwehr gewählt.
42
9 43 Da mir Ihr Betrieb beim Azubi-Informationstag einen sehr positiven Eindruck vermittelt hat und die Mit-
44 arbeiter alle freundlich und aufgeschlossen waren, würde ich mich freuen, in Ihrem Team mitarbeiten
45 zu dürfen.
46
10 47 Derzeit besuche ich die achte Klasse der Erich-Müller-Mittelschule. Ich strebe einen guten qualifi-
48 zierenden Abschluss der Mittelschule an. Zu meinen besten Fächern gehören Deutsch, Mathematik
49 sowie Wirtschaft und Beruf.
50
11 51 Über eine Einladung zu einem Gespräch würde ich mich sehr freuen, um mich Ihnen persönlich
52 vorzustellen.
53
12 54 Mit freundlichen Grüßen
55
56
13 57 *Tizian Wittl*
58
59 Tizian Wittl
60
14 61 **Anlagen**
62 • tabellarischer Lebenslauf
63 • Kopie des letzten Schulzeugnisses
64 • Arbeitszeugnis Ferienjob

Achte bei deiner Bewerbung darauf, dass alle Elemente enthalten sind. Formuliere gut und verständlich. Auch die formale Gestaltung (Beachtung der DIN 5008) ist wichtig.

Eine Bewerbung für einen Praktikumsplatz schreiben

Aufbau
1. **Kopf der Bewerbung** mit deinem Absender gestalten (ab Zeile 3)
2. **Vollständige Anschrift des Empfängers** angeben (ab Zeile 16)
3. **Ort, Datum** rechtsbündig einfügen (Zeile 21; danach zwei Leerzeilen)
4. **Betreffzeile** (fett gedruckt): **„Bewerbung um einen Praktikumsplatz als …"** (Zeile 27; danach zwei Leerzeilen)
5. **Höfliche Anrede** formulieren: „Sehr geehrte Damen und Herren"; „Sehr geehrte Frau …"; „Sehr geehrter Herr …"; (danach eine Leerzeile)
6. **Den Grund für die Bewerbung** nennen: Praktikumsplatz
7. **Berufswunsch mit Begründung**, warum du diesen Beruf lernen möchtest, nennen
8. **Persönliche Qualifikationen/Berufsvoraussetzungen** nennen: Hier kannst du deine Eigenschaften, Stärken, Interessen und Fähigkeiten anführen, die zu dem Beruf passen.
9. **Die Wahl des Betriebs** begründen
10. **Momentane Schulsituation** beschreiben (Klasse, Schulform, voraussichtlicher Abschluss und Abschlussjahr, aktueller Notenschnitt, beste Fächer)
11. **Einladungswunsch zu einem Vorstellungsgespräch** formulieren (nach dem Textende eine Leerzeile)
12. **Höfliche Grußformel** verwenden: „Mit freundlichen Grüßen" (danach drei Leerzeilen als Raum für die Unterschrift)
13. Eigenhändige **Unterschrift** (danach eine Leerzeile)
14. **Anlagen** auflisten: z.B. „tabellarischer Lebenslauf, Kopie des letzten Schulzeugnisses"

Formale Gestaltung
- Eine gut lesbare Schrift verwenden: z.B. Arial oder Tahoma
- Schriftgröße: 11 oder 12 Punkt
- Seitenrand: links: 2,5 cm; rechts: mindestens 1 cm
- Zeilenabstand: 1-zeilig
- Die einzelnen Bestandteile der Bewerbung übersichtlich durch Leerzeilen und Absätze trennen

Dein Lebenslauf

Zu einer Bewerbung gehört immer ein übersichtlicher Lebenslauf. Darin dokumentierst du stichpunktartig die wesentlichen Punkte deiner Ausbildung und später dann deiner Berufserfahrung. Der Lebenslauf fasst auch deine Stärken, Interessen und Kompetenzen knapp zusammen. Im Laufe deiner Arbeitsjahre solltest du den Lebenslauf regelmäßig ergänzen, sodass er stets auf dem aktuellen Stand ist.

Tizian Wittl

Persönliche Daten

Name	Tizian Wittl
Anschrift	Horizontstraße 37a 92331 Parsberg
Tel.	09492 9876523
E-Mail	TizianWittl@bewerbung.de
geb.	16.07.20.. in Regensburg

Beruflicher Werdegang

April 20..	Firma Müller GmbH, Parsberg Schülerpraktikum in der Abteilung Einkauf • Datenerfassung • administrative Tätigkeiten
Januar 20..	Firma Silberstreif KG, Parsberg Schülerpraktikum als Zerspanungsmechaniker

Schulische Ausbildung

20.. – 20..	Grundschule Parsberg
20.. – 20..	Mittelschule Parsberg Voraussichtlicher Abschluss: qualifizierender Abschluss der Mittelschule

Kenntnisse und Fähigkeiten

Fremdsprachen	Englisch gut in Wort und Schrift
PC-Kenntnisse	Office-Programme 10-Finger-Schreiben Bildbearbeitung

Tizian Wittl

Aufgaben

1 Sieh dir Tizians Lebenslauf an. Überlege, welche Informationen Tizian noch ergänzen könnte.

2 Seht euch eure Lebensläufe in der Kleingruppe an und besprecht, was ihr noch verbessern könnt.

3 Wie sieht dein Lebenslauf aus?
a. Schreibe deine Daten stichpunktartig auf.
b. Gestalte deinen Lebenslauf am PC und drucke ihn aus.

4 Hefte deinen Lebenslauf in deinem Berufswahlordner ab, sodass du ihn stets griffbereit hast.

Praktikumsbetriebe in deiner Region

Szenario

Zur Vorbereitung eures Praktikums und eurer Berufswahl sammelt ihr Informationen zu Betrieben, die euch interessieren und die für euch infrage kommen. Auch eure Mitschülerinnen und Mitschüler profitieren von eurem Wissen über Praktikums-möglichkeiten in verschiedenen Firmen. Erstellt eine Kartei über die Praktikumsbetrie-be und ergänzt sie stetig. Am Ende des Schuljahres präsentiert ihr eure Informationen der zukünftigen achten Klasse an eurer Schule, damit diese sie im nächsten Schuljahr als Hilfestellung für ihre Praktikumssuche nutzen kann.

Muster GmbH

Maximiliansring 24
87700 Memmingen
Tel. 08331 858566673
E-Mail: muster@gmbh.com

Mitarbeiterzahl:	ca. 140
Produkte/Dienstleistungen:	stellt Geländer, Gitterroste und Abdeckungen aus Edelstahl für Industriehallen her
Ausbildungsplätze:	
Anzahl:	7
Bereich:	Verwaltung,

So geht ihr vor

Planung

1. Überlegt gemeinsam, welche Informationen zum Praktikumsbetrieb unbedingt vorliegen müssen.

Durchführung

2. Erstellt am PC eine Vorlage für eine Karteikarte, in der ihr die wichtigsten Informa-tionen zu jedem Betrieb erfassen könnt.
3. Schreibt die Informationen zur jeweiligen Firma in einzelne Karteikarten.
4. Ergänzt jede Karteikarte mit weiteren Infos zum Betrieb, z. B. Mitarbeiterzahl, Anzahl und Berufsfelder der Ausbildungsplätze, Angebot der Firma an Produkten/ Dienstleistungen, Name der Chefin/des Chefs, Ansprechpartner/in, Kontaktdaten (Adresse, Telefon, E-Mail) …
5. Heftet die Karte ordentlich ab.

Präsentation

6. Präsentiert die Kartei der kommenden achten Klasse an eurer Schule, damit sie die Kartei für ihre Praktikumsauswahl benutzen und ergänzen können.

Das weiß ich jetzt:

Ich kann mich auf verschiedene Arten über Ausbildungsstellen informieren.

Meine Stärken und Kompetenzen helfen mir bei der Wahl eines Ausbildungsplatzes.

Berufe sind vielfältig.

Ein Praktikum hilft mir dabei, die Arbeitsabläufe des jeweiligen Berufes kennenzulernen.

Anhand eines Praktikums kann ich entscheiden, ob ich mir eine Ausbildung in dem Beruf vorstellen könnte.

Höflichkeit, gute Umgangsformen und eine passende äußere Erscheinung sind wichtig, um einen guten ersten Eindruck zu hinterlassen.

Wenn ich gut vorbereitet bin, brauche ich keine Angst vor einem Vorstellungsgespräch zu haben.

Nach dem Schulabschluss gibt es als Alternative zur Ausbildung zahlreiche Möglichkeiten zur Weiterbildung.

Beim Verfassen von Bewerbungen und Lebensläufen sind verschiedene formale Kriterien zu beachten.

Das kann ich jetzt:

1 Merkmale eines Arbeitsplatzes unterscheiden.

2 vielfältige Formen von Arbeit und Berufen ordnen.

3 ein Praktikum vorbereiten, durchführen und dokumentieren.

4 über mein Praktikum sprechen.

5 eine Bewerbung schreiben.

6 einen Lebenslauf erstellen.

7 mich über Weiterbildungsmöglichkeiten informieren.

2 Wirtschaft

EINFACHER WIRTSCHAFTSKREISLAUF

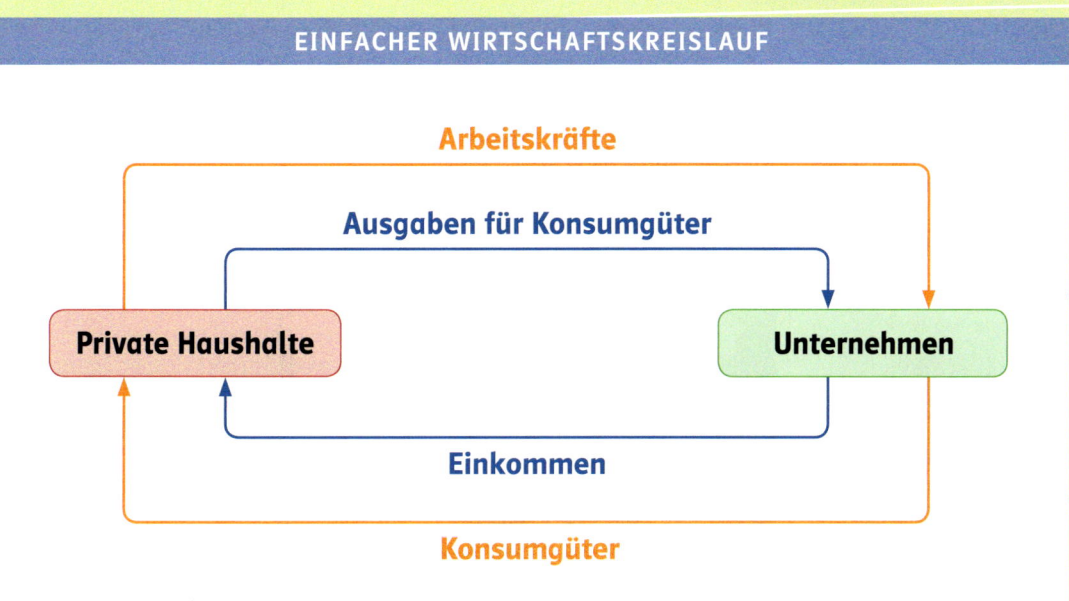

Was ist ein Betrieb?

Betrieb
In einem Betrieb arbeiten und wirtschaften Menschen.
Sie produzieren Güter oder erbringen Dienstleistungen.

Diese Waren und Dienstleistungen werden auf dem Markt angeboten.
Damit ein Betrieb bestehen kann, muss er seine Kosten decken und Gewinne erwirtschaften. Das bedeutet, seine Einnahmen müssen höher als seine Ausgaben sein.
Bei einem Betrieb kann es sich um eine Einmannfirma, einen kleinen oder mittelständischen Handwerksbetrieb oder um ein großes Industrieunternehmen handeln.
Betriebe gibt es in allen **Wirtschaftssektoren**: Sie sind in der **Urproduktion**, im **Handwerk** und in der **Industrie** sowie im **Dienstleistungssektor** zu finden.

↗ **Lexikon**
kleine und mittelständische Unternehmen, Industrieunternehmen

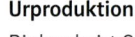

Urproduktion

Biolandwirt Schmelcher produziert in seinem Familienbetrieb eine reichhaltige Auswahl biologisch hergestellter Lebensmittel. Seine Erzeugnisse verkauft der Landwirt sowohl an kleine regionale Hofläden und Bäckereien wie auch an eine große Bio-Supermarktkette und verschiedene Betriebe der Lebensmittelindustrie. Eines der Erzeugnisse des Biohofes ist die Getreidesorte Dinkel.

Handwerk und Industrie

Der Dinkel von Biolandwirt Schmelcher wird sowohl von der kleinen regionalen Bäckerei Schickinger als auch von der industriellen Großbäckerei Bücherl zu Biobrot und Biosemmeln weiterverarbeitet. Beide Bäckereien sind Kunden, die die hohe Qualität des biologisch erzeugten Dinkels zu schätzen wissen.

Dienstleistungssektor

Die regionale Bäckerei bietet das Biobrot und die Biosemmeln im hauseigenen Laden und auf dem Wochenmarkt an.
Die industrielle Großbäckerei beliefert eine bayernweite Supermarktkette.

Urproduktion (primärer Sektor)
Wer in der Urproduktion arbeitet, gewinnt Rohstoffe und Produkte unmittelbar aus der Natur. Zur Urproduktion gehören die Landwirtschaft, die Forstwirtschaft, der Gartenbau, die Fischerei, die Jagd und der Bergbau.

Handwerk und Industrie (sekundärer Sektor)
Wer im Handwerk oder in der Industrie beschäftigt ist, ist im verarbeitenden Gewerbe tätig. Hier werden Rohstoffe zu Produkten weiterverarbeitet.

Dienstleistungssektor (tertiärer Sektor)
Wer im Dienstleitungssektor tätig ist, arbeitet für andere Menschen. Ein Dienstleister fertigt keine Produkte, er erfüllt Kundenwünsche.

Aufgaben

1 Ergänze im Heft die folgenden Sätze mit den passenden Verben (siehe unten):
1. In einem Betrieb ////// Menschen.
2. Ein Betrieb ////// Güter.
3. Ein Betrieb ////// Dienstleistungen.
4. Waren und Dienstleistungen ////// auf dem Markt //////.
5. Ein Betrieb ////// möglichst hohe Einnahmen und Gewinne //////.
6. Betriebe ////// es in allen drei Wirtschaftssektoren.

(gibt – arbeiten – werden … angeboten – fertigt – möchte … erzielen – erbringt)

2 Betrachte die Bilder auf S. 38.
a. Vollziehe mit einer Partnerin/einem Partner nach, wie alle drei Wirtschaftssektoren bei der Produktion von Backwaren zusammenspielen. Überlegt auch, welche Berufe beteiligt sind.
b. Erarbeitet und notiert mithilfe einer Tabelle, wie dieses Zusammenspiel der Wirtschaftssektoren für folgende Produkte aussehen könnte: Wiener Würstchen, Schlagsahne, Ketchup
→ Methode Eine Tabelle anlegen, S. 122
c. Stellt eure Ergebnisse in der Klasse vor.
→ Methode Präsentation, S. 111, 119

3 a. Recherchiere und notiere, welche Betriebe es in deiner Region in den Wirtschaftssektoren Urproduktion, Handwerk und Industrie und im Dienstleistungssektor gibt. → Methode Recherche (Internetrecherche), S. 116, 119
b. Erstellt für alle in der Klasse gefundenen Betriebe eine Karte für eure Berufskartei. Tipp: gut aufbewahren für die Praktikumsplatzsuche.
→ Methode Eine Tabelle anlegen, S. 122

4 a. Überlege, welcher der in Aufgabe 3 recherchierten Betriebe jeweils der größte regionale Arbeitgeber in den Bereichen Urproduktion, Handwerk und Industrie sowie im Dienstleistungssektor ist.
b. Verfasse ein Bewerbungsschreiben für eine Praktikumsstelle in einem dieser Unternehmen.
→ Eine Bewerbung schreiben, S. 30–33

5 In der 7. Klasse hast du dich im Rahmen des Projekts Markt u.a. damit auseinandergesetzt, dass in einem Betrieb Kosten anfallen. Im Projekt mussten nur die Materialien finanziert werden. Doch in einem echten Unternehmen fallen weitere Kosten an. Überlege: Welche Posten müssen noch bezahlt werden?

Wie wird in einem Betrieb gearbeitet?

Die vielen Arbeiten und Aufgaben, die in einem Betrieb anfallen, lassen sich vier Gruppen zuordnen. Denn es gibt in jeder Firma, egal ob sie klein oder groß ist, vier Funktionsbereiche: So kümmert sich die **Beschaffung** darum, dass alles für die **Produktion** Notwendige bereitgestellt wird. In der Produktion werden Güter gefertigt oder Dienstleistungen erbracht. Der Bereich **Absatz** ist für den Verkauf der Produkte oder für Dienstleistungen zuständig. Die **Verwaltung** plant, organisiert und kontrolliert betriebliche Abläufe. Sie vernetzt so die Bereiche Beschaffung, Produktion und Absatz.

In der Wirtschaft spricht man hier von den **betrieblichen Grundfunktionen**. Betriebliche Grundfunktionen sind die Gruppen von Aufgaben, die erfüllt werden müssen, um ein Unternehmen aufrechtzuerhalten:
- Beschaffung,
- Produktion,
- Absatz,
- Verwaltung.

In großen Unternehmen sind diese vier **Grundfunktionen** auch räumlich deutlich voneinander getrennt. Dort arbeiten in den einzelnen Bereichen viele Menschen, mit zum Teil sehr unterschiedlichen beruflichen Kenntnissen.

In einem kleinen Betrieb gibt es oftmals keinen eigenen Raum für jeden Funktionsbereich. Doch auch hier müssen die Aufgaben der verschiedenen Bereiche von **Fachkräften** erledigt werden.

↗ **Lexikon**
Fachkräfte

Hinweis: Bei den Betriebserkundungen in der 8. Klasse werden schwerpunktmäßig die drei betrieblichen Grundfunktionen Beschaffung, Produktion und Absatz betrachtet. In der 9. Klasse wirst du dich dann zusätzlich mit dem Bereich Verwaltung befassen.

An der Spitze jedes Betriebes steht die Unternehmensleitung. Darunter sind immer die drei Grundfunktionen Beschaffung, Produktion und Absatz zu finden.

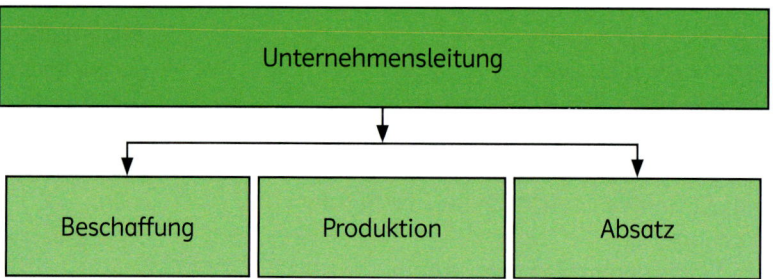

Drei betriebliche Grundfunktionen sind:
Beschaffung (Einkauf), **Produktion** (Fertigung) und **Absatz** (Verkauf).
Jeder Betrieb, egal welcher Größe, lässt sich in diese drei Bereiche gliedern.
Die Bereiche müssen mit Personal besetzt sein, das über fachliches Wissen und spezielle Kompetenzen verfügt.

Auf S. 38 hast du erfahren, dass sowohl die kleine regionale Bäckerei Schickinger als auch die große Industriebäckerei Bücherl Biobackwaren erzeugen.

Kleiner, regionaler Bäckereibetrieb (Schickinger)   Große Industriebäckerei (Bücherl)

In der Großbäckerei arbeiten viele Menschen: Bürokaufleute, Fachkräfte für Lagerlogistik, Hilfskräfte für Produktion und Verpackung, Bäcker/-innen, Konditor/-innen, Berufskraftfahrer/-innen, Einzelhandelskaufleute, Maschinenführer/-innen …

Aufgaben

1 Stelle die Schaubilder der kleinen regionalen Bäckerei und der großen Industriebäckerei einander gegenüber.
 a. Nenne Gemeinsamkeiten.
 b. Zähle Unterschiede auf.
 c. Notiere deine Ergebnisse und vergleiche sie mit einer Partnerin/einem Partner.

2 Bildet Dreiergruppen und erklärt euch gegenseitig die betrieblichen Grundfunktionen Beschaffung, Produktion und Absatz. Unterstützt eure Erklärungen mithilfe von Beispielen.

3 Oben hast du gelesen, welche Berufe in der Großbäckerei vertreten sind. Ordne die Berufe den einzelnen Grundfunktionen Beschaffung, Produktion und Absatz zu. Lässt sich ein Beruf mehreren Grundfunktionen zuordnen?

4 In der siebten Klasse hast du im Fach Technik verschiedene Werkstücke gefertigt. Wähle eines dieser Werkstücke aus, fotografiere es und gestalte ein Plakat, das Auskunft zu folgenden Fragen gibt:
 a. Wie nennt sich das Werkstück? Wie sieht es aus?
 b. Welche Materialien hast du verarbeitet?
 c. Welche Maschinen und Werkzeuge hast du bei der Produktion des Werkstücks eingesetzt? → **Methode** Ein Plakat gestalten, S. 119
 d. Überlege: Gibt es Ähnlichkeiten zu den Arbeiten in einem Betrieb? Kannst du die Aufgaben 4a und 4b den betrieblichen Grundfunktionen Beschaffung, Produktion und Absatz zuordnen?

In drei Schritten zum fertigen Produkt
Schritt 1: Beschaffung

Der Produktionsprozess in einem Betrieb lässt sich in drei Schritte unterteilen: **Beschaffung**, **Produktion** und **Absatz**.

↗ Lexikon
Produktionsfaktoren,
Werkstoffe,
Betriebsmittel,
Arbeitskräfte,
finanzielle Mittel

Bei der **Beschaffung** geht es um die **Produktionsfaktoren**, die ein Betrieb einkaufen oder bereitstellen muss, bevor die eigentliche Fertigung beginnen kann.
Dazu gehören:
- **Rohstoffe** und **Werkstoffe**,
- **Betriebsmittel**,
- **Arbeitskräfte**
- und **finanzielle Mittel**.

Um Biosemmeln zu backen, muss die Großbäckerei Bücherl u.a. folgende Produktionsfaktoren zur Verfügung stellen:

Rohstoff: Korn; Werkstoff: Mehl

Werkstoff: Sauerteig

Werkstoff: Salz

Betriebsmittel: industrielles Teigrührgerät

Arbeitskräfte

Finanzielle Mittel

Aufgabe der Beschaffung ist …
- Rohstoffe und Werkstoffe kostengünstig einzukaufen. Der Einkaufspreis wirkt sich auf den Preis des Endproduktes aus. = **kostengünstig wirtschaften**
- hochwertige Rohstoffe und Werkstoffe einzukaufen. Die Materialien bestimmen die Qualität und die Lebensdauer des Endprodukts. = **Qualitätssicherung**
- ökologisch nachhaltige Rohstoffe und Werkstoffe einzukaufen. Die Umweltfreundlichkeit der Materialien bestimmt, ob ein Produkt die Umwelt belastet oder langlebig und recycelbar ist. = **ökologische Verantwortung**
- alle Rohstoffe und Werkstoffe zur richtigen Zeit einzukaufen. Wenn Materialien zu lange lagern, verursacht das Kosten. Wenn die Produktion wegen fehlender Materialien stillsteht, verursacht das ebenfalls Kosten und eine Wartezeit für den Kunden. = **Sicherung der Lieferfähigkeit durch gute Lagerwirtschaft**
- die Betriebsmittel bereitzustellen und zu pflegen. Eine Produktion ist nur mit geeigneten und funktionierenden Maschinen möglich. = **Sicherung der Lieferfähigkeit**
- sicherzustellen, dass kompetentes Personal für die Produktion zur Verfügung steht. = **Personalbeschaffung**
- ausreichend Geld verfügbar zu halten. Materialien, Betriebsmittel und Personal kosten Geld. = **Verfügbarkeit von finanziellen Mitteln**

↗ **Lexikon**
ökologisch, nachhaltig

Beschaffung
Der Bereich Beschaffung kauft die für die Produktion benötigten Materialien ein. Er stellt Betriebsmittel bereit und beschafft Personal.
Bei all diesen Aufgaben muss die Beschaffung wirtschaftlich und ökologisch verantwortlich handeln.

Aufgaben

1 Lies S. 42 aufmerksam und betrachte die Bilder.
 a. Beschreibe, was auf den einzelnen Bildern zu sehen ist. → **Methode** Bildbeschreibung, S. 110
 b. Ordne die Produktionsfaktoren für die Herstellung von Biosemmeln den einzelnen Bildern zu. Schreibe jeweils einen Satz. Beginne so: *Um Biosemmeln zu produzieren, braucht man als Rohstoff Biogetreide. …*

2 Ihr wollt einen Nistkasten für Vögel bauen. Dazu habt ihr zwei Angebote vorliegen.
 1) Baumarkt Baufix (im Nachbarort): haltbare Tropenholzbretter im Set: 14,99 €; Holzleiste im Angebot 1,99 €; Schrauben im Set: 2,99 €.
 2) Baumarkt Öko-Bau (am Ort): Holzbretter und Holzleiste aus heimischer, nachhaltiger Waldbewirtschaftung, auf Maß geschnitten: 16,90 € und 1,90 €; Schrauben in der Kleinpackung: 1,90 €.

 a. Vergleicht die beiden Angebote und berechnet das günstigere Angebot.
 b. Erörtert, für welches Angebot ihr euch entscheiden würdet, wenn ihr auch andere Überlegungen (z. B. Umweltschutz) mit berücksichtigt.
 → **Methode** Recherche, S. 119

3 Zum Weiterdenken: Im Technikunterricht wurden 16 Nistkästen gebaut. Die Materialkosten pro Kasten liegen nun um 20 % unter dem recherchierten Preis. Ermittle Gründe dafür.

4 Nennt besondere Roh- und Werkstoffe, die es in eurer Region gibt.

In drei Schritten zum fertigen Produkt
Schritt 2: Produktion

Der **Produktionsprozess** in einem Betrieb lässt sich in **drei Schritte** unterteilen: **Beschaffung**, **Produktion** und **Absatz**.

Bei der **Produktion** geht es um die **Fertigung von Produkten** oder das **Erbringen von Dienstleistungen**.

Ein Handwerks- oder Industriebetrieb produziert Güter. Dabei müssen vor der Produktion folgende Fragen geklärt werden:
- Produkt: Was wird gefertigt?
- Qualität, Design, Funktion: Wie soll das Produkt im Detail beschaffen sein, damit es für möglichst viele Käufer attraktiv ist?
- In welcher Stückzahl soll produziert werden?
- Produktionsart: Wie wird produziert? Soll das jeweilige Produkt in Einzelfertigung (eventuell sogar in Handarbeit), Serienfertigung oder Massenfertigung hergestellt werden?
- Zusammenarbeit des Personals und Einbindung von Maschinen in den Produktionsprozess: Wie ist der Produktionsablauf zu organisieren?
- Personal: Wer ist dafür qualifiziert, die Dienstleistung zu erbringen?

↗ **Lexikon**
Einzelfertigung,
Serienfertigung,
Massenfertigung

Die Großbäckerei Bücherl fertigt täglich viele Backwaren wie z. B. Brezen. Manchmal werden auch Geburtstagskuchen nach Kundenwünschen hergestellt. In der Vorweihnachtszeit produziert die Großbäckerei eine Auswahl an Weihnachtsplätzchen.

Ein Unternehmen im tertiären Sektor erbringt Dienstleistungen.
Hier sind vorab folgende Aspekte zu berücksichtigen:
- Dienstleistung: Welche Dienstleistung soll angeboten werden?
- Service, Dauer, Qualität: Was erwarten die Kunden von der Dienstleistung?
- Form der Dienstleistung: Wie läuft die Dienstleistung ab? Über persönlichen Kontakt, an welchem Ort, unter Einsatz von Maschinen oder Fahrzeugen …?

Aufgabe der Produktion ist …

- mit gut organisierten Arbeitsabläufen ohne zeitlichen Leerlauf zu fertigen. Eine Auslastung der Maschinen hält die Herstellungskosten so gering wie möglich. = **Organisation des Produktionsablaufs**
- qualifizierte Arbeitskräfte planvoll einzusetzen und eventuell durch die Einbindung von Maschinen und Geräten zu entlasten. = **Zusammenarbeit von Mensch und Technik zur Entlastung des Personals**
- die Arbeitskräfte effizient einzusetzen. Arbeitszeit ist teuer. = **Personalplanung, Aufgabenverteilung**
- durch regelmäßige Kontrollen ein hochwertiges Produkt zu fertigen bzw. eine hochwertige Dienstleistung anzubieten. = **Qualitätssicherung**
- gesetzliche Regeln und Richtlinien zum Schutz von Natur und Umwelt einzuhalten. Dazu zählt z. B. die Verwendung von Energie aus erneuerbaren Quellen. = **ökologische Verantwortung**

Für die Großbäckerei Bücherl bedeutet das:
Alle Arbeitsabläufe sind gut geplant, genau aufeinander abgestimmt und erprobt. Jeder Mitarbeiter kennt seine Aufgaben. Maschinen entlasten die Arbeitskräfte von körperlich schweren Tätigkeiten und beschleunigen so den Produktionsablauf. Den Gedanken der nachhaltigen Produktion setzt die Großbäckerei u. a. durch die Verwendung von Ökostrom um. Es ist für die Firma selbstverständlich, die Backwaren auch während der Produktion zu kontrollieren, damit nur Waren von höchster Qualität das Unternehmen verlassen.

Produktion
Der Bereich Produktion befasst sich mit der **Herstellung von Produkten** oder der **Erbringung von Dienstleistungen**.
Während des gesamten Produktionsablaufes muss wirtschaftlich und ökologisch verantwortlich gehandelt werden.

↗ **Lexikon**
effizient

Zum Nachdenken:
Güter werden oft mit hohem Energieaufwand produziert. In diesem Zusammenhang hört man immer wieder von der Endlichkeit „fossiler Energieträger" bzw. von der Notwendigkeit, „erneuerbare Energien" einzusetzen. Weißt du, wovon die Rede ist? Falls nicht: Informiere dich.

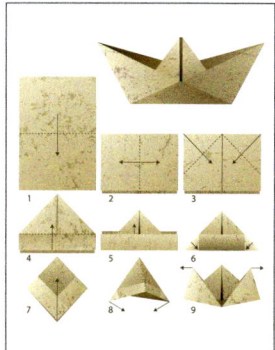

Aufgaben

1 Erkläre einer Mitschülerin/einem Mitschüler
○ den Unterschied zwischen einem Produkt und
👥 einer Dienstleistung.

2 Lies S. 44 aufmerksam und betrachte die Bilder.
● a. Beschreibe, was auf den einzelnen Bildern zu sehen ist.
    ↗ **Methode** Bildbeschreibung, S. 110
  b. Ordne die Begriffe Massenfertigung – Dienstleistung, Einsatz von Fahrzeugen – Serienfertigung – Einzelfertigung – Dienstleistung, persönlicher Kontakt – Dienstleistung mit technischen Mitteln den Bildern passend zu.

3 Faltet in der Klasse 40 Papierschiffe mithilfe
● der oben abgebildeten Anleitung.
👥 Bevor ihr loslegt, plant. Denkt an:
  – die ökologische Verantwortung bei Beschaffung und Produktion,
  – die Organisation des Produktionsablaufs,
  – die Qualitätssicherung.
  Wenn eure Schiffe fertig sind, überlegt.
  – Was lief gut?
  – Welche Aspekte könnte man bei einem zweiten Durchlauf verbessern?

In drei Schritten zum fertigen Produkt
Schritt 3: Absatz

Der **Produktionsprozess** in einem Betrieb lässt sich in **drei Schritte** unterteilen: **Beschaffung**, **Produktion** und **Absatz**.

Im Bereich **Absatz** geht es um den Verkauf der gefertigten Produkte oder der Dienstleistungen.

Jeder Betrieb will seine Waren oder Dienstleistungen gewinnbringend verkaufen. Dies geschieht in drei Phasen:

↗ **Lexikon**
Marktforschung

- Schon **vor** der Beschaffung und der Produktion muss ermittelt werden, was die Konsumenten wünschen. Das Unternehmen betreibt **Marktforschung**. Erst dann folgt die **Produktentscheidung**.
- Der Bereich Absatz kümmert sich um die **Werbung** für die Produkte eines Unternehmens. Alle Maßnahmen, die erreichen sollen, dass das Produkt gekauft oder die Dienstleistung in Anspruch genommen wird, nennt man **Marketing**.
- Auch der **Vertrieb** des Produktes oder der Dienstleistung liegt in der Verantwortung des Absatzes. Wie gelangt die Ware oder die Dienstleistung zu den Kunden: an einem Verkaufsort, per Versand oder per Auslieferung …?

> **Marketing:**
> Maßnahmen, um die Betriebseinnahmen erfolgreicher zu gestalten durch Klärung der Verkaufschancen, Produktentwicklung und Mittel, um den Gewinn zu erhöhen, wie etwa Werbung

Für die Großbäckerei Bücherl stellt sich der Absatz folgendermaßen dar:
Marktforschung: Den täglichen Bedarf an Semmeln und anderen Backwaren ermittelt der Betrieb mithilfe seiner aktuellen Verkaufszahlen. Wenn das Unternehmen eine neue Filiale eröffnen möchte, führt es zuerst eine Marktforschung durch, um herauszufinden, welche Wünsche die Kunden am geplanten Filialort haben.
Werbung: Die Großbäckerei wirbt mit Schildern vor den einzelnen Läden und lockt mit täglich wechselnden Angeboten.
Vertrieb: Bücherl verkauft seine Produkte nicht nur in eigenen Läden, sondern beliefert auch Supermarktketten und Kantinen großer Firmen.

Aufgabe des Bereichs Absatz ist …

- durch **Marktforschung** zu ermitteln, welches Produkt oder welche Dienstleistung die Kunden wünschen.
- die Preisfestsetzung. Bei der **Preisgestaltung** sind die Beschaffungs- und Produktionskosten zu berücksichtigen. Ziel ist, Gewinn zu machen. Zur **Preispolitik** gehört auch die Gewährung von Rabatten oder das Angebot eines Ratenkaufs.
- durch **Werbung** Konsumenten für das Produkt oder für die angebotene Dienstleistung zu gewinnen.
- **Absatzwege** für die Ware oder die Dienstleistung zu finden. Beim **direkten Absatz** verkauft die regionale Bäckerei ihre Ware in dem an die Backstube angeschlossenen Laden. Der Großbäcker hingegen wählt zusätzlich den Weg über den **indirekten Absatz**, d.h., er gibt seine Waren auch an Groß- und Einzelhändler zum Verkauf in deren Geschäften weiter.
- die **Kundenpflege**, z. B. durch freundliches Personal, die sofortige Reaktion auf Reklamationen und durch attraktiv gestaltete Verkaufsräume, die mehr als nur Backwaren bieten. Ziel ist, die Kunden an das Unternehmen zu binden.

↗ **Lexikon**
Großhändler,
Einzelhändler

Absatz:
Zum Bereich Absatz gehören alle Tätigkeiten, die zum Verkauf von Waren oder Dienstleistungen beitragen, u. a. Marktforschung, Werbung und Festlegung des Sortiments.

Aufgaben

1 👥 Formuliere gemeinsam mit einer Partnerin/ einem Partner drei Fragen, die ein Marktforscher vor der Einführung eines neuen Gemüse-Burgers als Mittagsangebot der Biobäckerei Bücherl stellen sollte.
- Notiert eure Fragen.
- Stellt sie in der Klasse vor.

2 👥 Wie kann die Biobäckerei Bücherl für den neuen Gemüse-Burger werben? Notiert eure Ideen auf Wortkarten. ↗ **Methode** Wortkartenarbeit, S. 124

3 Über welchen Vertriebsweg könnte die Biobäckerei Bücherl den Gemüse-Burger verkaufen? Sammelt eure Vorschläge in der Klasse.

4 Erkläre den Unterschied zwischen dem direkten Absatzweg und dem indirekten Absatzweg mit eigenen Worten. Finde Beispiele.

5 a. Recherchiere die Bedeutung der Begriffe „Rabatt" und „Ratenkauf". Erläutere, warum diese Maßnahmen der Preispolitik ein Produkt für manche Käufer attraktiver machen.
↗ **Methode** Recherche (Internetrecherche), S. 116, 119
b. Nenne weitere, für den Kunden attraktive Formen der Preisgestaltung.

6 ● M 👥 Im Bereich Absatz ist Werbung ein wichtiges Thema.
Sammelt Werbung in verschiedenen Formen, die euch anspricht. Stellt diese für eine Präsentation zusammen und stellt sie der Klasse vor. Begründet stets, warum euch eine Werbemaßnahme anspricht und ob ihr die Maßnahme für erfolgversprechend haltet. (Wird das Produkt viele Konsumenten finden?)
↗ **Methode** Präsentation, S. 111, 119

Der Betrieb im einfachen Wirtschaftskreislauf

Herr Haslauer (42 Jahre) arbeitet in der Bäckerei Schickinger. Die Bäckerei ist ein kleiner Sechsmannbetrieb auf dem Land. Herr Haslauer ist als Bäckermeister der Chef in der Backstube. Er plant und organisiert alle Arbeitsabläufe für die tägliche Fertigung der Backwaren. Er arbeitet auch selbst in der Backstube mit. Zusätzlich führt er einen Gesellen und bildet einen Azubi aus. Und er bespricht sich täglich mit den drei Fachverkäuferinnen. Sein Arbeitstag beginnt um 03.30 Uhr und endet um 11.00 Uhr. Alle zwei Wochen muss er am Samstag arbeiten. Für diese Arbeit wird er mit monatlich 4 700 Euro brutto entlohnt.

Mit diesem Verdienst bestreitet Herr Haslauer den Lebensunterhalt seiner dreiköpfigen Familie. Seiner Tochter Patrizia gibt er jeden Morgen 65 Cent. Patrizia kauft sich dann auf dem Weg in die Schule ihre Pausenbreze in der Bäckerei Schickinger.

Was du eben gelesen hast, wird in der Volkswirtschaft als **einfacher Wirtschaftskreislauf** bezeichnet. In einem einfachen Wirtschaftskreislauf gibt es zwei Beteiligte, nämlich die **privaten Haushalte** und die **Betriebe**.

> *„Brutto ist nicht gleich netto." Lies hierzu die Seiten 62 bis 67.*

Privater Haushalt
Eine oder mehrere Personen, die zusammenleben, bilden einen Haushalt. Die Einkommen aller Haushaltsmitglieder sind die wirtschaftliche Grundlage des Haushalts. Geld wird verdient und wieder ausgegeben.

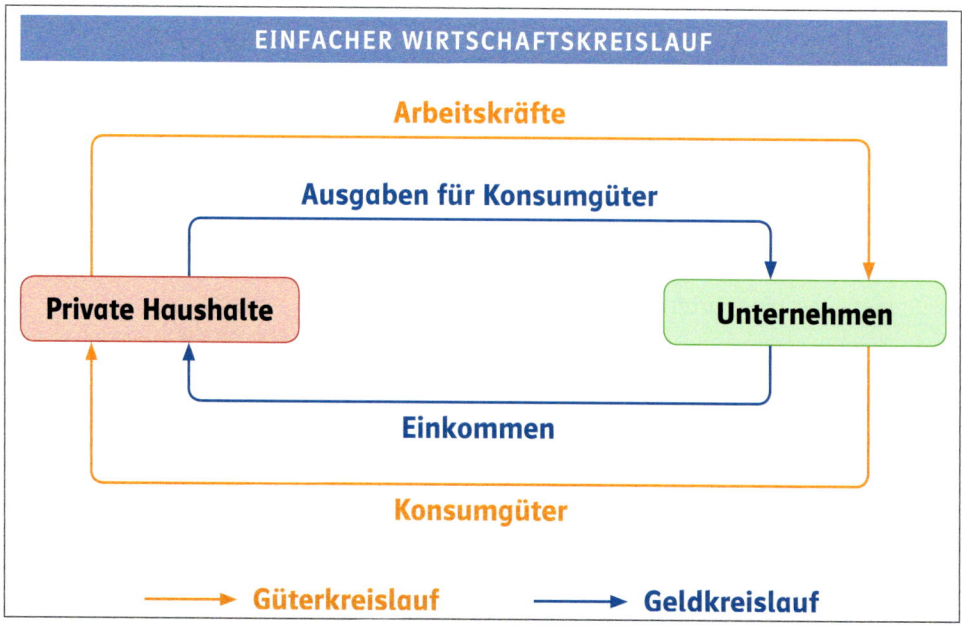

EINFACHER WIRTSCHAFTSKREISLAUF

Arbeitskräfte

Ausgaben für Konsumgüter

Private Haushalte   **Unternehmen**

Einkommen

Konsumgüter

Güterkreislauf   Geldkreislauf

Die Betriebe bieten den Haushalten **Arbeitsplätze** und zahlen für geleistete Arbeit **Lohn**. Die Haushalte stellen den Betrieben die Produktionsfaktoren, z. B. ihre **Arbeitskraft**, zur Verfügung und **kaufen Güter und Dienstleistungen** von den Unternehmen. Die Unternehmen bezahlen also für die Arbeitskraft der Menschen. Diese wiederum bezahlen mit ihrem Verdienst die Güter des täglichen Lebens, die in den Betrieben hergestellt werden. Es findet folglich ein Austausch zwischen den Firmen und den privaten Haushalten statt.

Man kann einen Wirtschaftskreislauf auch in zwei Kreisläufe zerlegen: den **Güterkreislauf** und den **Geldkreislauf**. Es finden ein **Güterstrom** und ein **Geldstrom** statt.

Einfacher Wirtschaftskreislauf

Die privaten Haushalte und die Betriebe sind Wirtschaftsteilnehmer.
Die Zusammenhänge zwischen den Wirtschaftsteilnehmern werden als Modell in einem Wirtschaftskreislauf dargestellt. Der einfache Wirtschaftskreislauf beschreibt den Austausch zwischen Haushalten und Betrieben.
Geld ist in diesem Kreislauf ein Tauschmittel.
Die Haushalte und die Unternehmen sind voneinander abhängig.

Aufgaben

1 ○ Erkläre die Begriffe zum Thema „einfacher Wirtschaftskreislauf" mit eigenen Worten: *private Haushalte / Konsumgüter / Einkommen / Konsumausgaben.*

2 ◕ Lies den ersten Abschnitt auf S. 48.
Zeichne und beschrifte nun einen einfachen Wirtschaftskreislauf, in dem *der Haushalt von Familie Haslauer / die Bäckerei Schickinger / Herr Haslauer / Herrn Haslauers Lohn / Patrizia / die Pausenbreze und deren Preis* zu finden sind.
Arbeite im Querformat. Vergleiche deinen Wirtschaftskreislauf mit den Zeichnungen deiner Mitschülerinnen und Mitschüler.

3 ● Leo und Tanja leben zusammen in einem Haushalt. Ordne die folgenden Punkte einem einfachen Wirtschaftskreislauf zu. Zeichne und beschrifte.
a. Leo entwirft Industrieroboter. Er arbeitet für ein großes Unternehmen.
b. Leo erhält von dem Unternehmen ein monatliches Entgelt.
c. Tanja macht den Wocheneinkauf im Supermarkt und zahlt bar.

4 ● M Eure Lehrkraft hat ein Plakat erstellt, auf dem ein einfacher Wirtschaftskreislauf abgebildet ist.
a. Ordnet die sechs vorbereiteten Wortkarten „Entgelt für Berufsarbeit der Eltern", „Taschengeld", „kleine Geldgeschenke", „eigener kleiner Verdienst", „Jugendliche", „Kinder" passend ein. Begründet eure Zuordnung.
b. Überlegt, mit welchen Produkten ihr in diesem Wirtschaftskreislauf als Konsumenten auftretet. Notiert die Produkte und deren ungefähren Preis auf Wortkarten. Fügt diese ebenfalls in den Wirtschaftskreislauf ein. Begründet eure Zuordnung.
↱ **Methode** Wortkartenarbeit, S. 124

5 ● M Leo (Aufgabe 3) verliert seinen Arbeitsplatz. Dokumentiere, wie das den von dir erstellen Wirtschaftskreislauf verändert. Arbeite die Veränderung mit der Farbe Rot ein.
Kommt nun ein weiterer Wirtschaftsteilnehmer hinzu? Falls ja, wer? Mit welcher Funktion? Arbeite die Veränderung mit der Farbe Grün ein.

Wir erkunden Betriebe

Sicherlich erinnerst du dich noch an deine Arbeitsplatzerkundung in der 7. Klasse. Du hast dir einen Betrieb in der Nähe ausgesucht und dir überlegt, welcher Beruf dich dort interessiert. Im Betrieb hast du genau beobachtet, welche Tätigkeiten an einem bestimmten Arbeitsplatz ausgeführt werden.

Nun erkundet ihr, als Klasse oder in Kleingruppen, nicht nur einen einzelnen Arbeitsplatz, sondern einen gesamten Betrieb. Ihr informiert euch vor Ort darüber, wie die Arbeitsabläufe und Zusammenhänge in dem von euch ausgewählten Unternehmen sind.

> Eine **Betriebserkundung** ist keine Besichtigung, bei der ihr in einem Betrieb herumgeführt werdet. Stattdessen wählt ihr bestimmte **Erkundungsschwerpunkte** aus, die ihr dann während eures Aufenthaltes im Betrieb möglichst selbstständig durch Beobachten und Befragen der Angestellten bearbeitet.

Bisher habt ihr vielleicht nicht nur Arbeitsplätze, sondern auch einen Markt oder ein Museum erkundet. Wie bei jeder anderen Erkundung auch gibt es bei der Betriebserkundung die Phasen **Vorbereitung – Durchführung – Auswertung.**

Vorbereitung der Betriebserkundung
Inhaltliche Vorbereitung

Ihr habt euch in diesem Schuljahr schon öfter mit den Betrieben in eurer Region beschäftigt. Im Kapitel Berufsorientierung habt ihr mögliche Praktikumsbetriebe gesucht und eine Kartei mit Informationen zu den Betrieben angelegt. Im Kapitel Wirtschaft habt ihr diese Kartei um weitere Betriebe aus der Umgebung ergänzt und habt diese den Wirtschaftssektoren zugeordnet.

Wählt für die Betriebserkundung mehrere Betriebe, die euch interessieren, aus. Sammelt dann genaue Informationen darüber, was dort hergestellt wird oder welche Dienstleistungen erbracht werden. Euch interessiert auch, ob sich die Betriebe in besonderer Weise für den Umweltschutz oder eine nachhaltige Produktion einsetzen.

Tipp
Deine Erfahrungen aus der Betriebserkundung werden dir helfen, dich später im Praktikumsbetrieb besser zurechtzufinden.

Tipp
Lest im Methodenteil auf S. 112 „Wir führen eine Erkundung durch", damit eure Betriebserkundung ein Erfolg wird.

Projekt auf S. 34

Schaut noch einmal auf S. 39 die Aufgabe 3 an.

Mithilfe eurer Fragen legt ihr **Erkundungsschwerpunkte** fest, auf die sich die verschiedenen Gruppen während der Erkundung konzentrieren. Die betrieblichen Grundfunktionen **Beschaffung – Produktion – Absatz**, die ihr kennengelernt habt, solltet ihr auf jeden Fall als wichtige Erkundungsschwerpunkte einplanen.

Organisatorische Vorbereitung
Wählt einen Betrieb aus und bildet Gruppen, die in diesem Betrieb verschiedene Aspekte erkunden. So könnt ihr gut nachvollziehen, wie in diesem Betrieb die Beschaffung, die Produktion und der Absatz ablaufen.
Es kann aber auch interessant sein, die Klasse aufzuteilen und die drei betrieblichen Grundfunktionen Beschaffung, Produktion und Absatz in drei verschiedenen Betrieben zu erkunden.

Durchführung der Erkundung
Wenn Schülerinnen und Schüler eine Erkundung durchführen, ist das für den Betrieb eine Belastung, weil der normale Arbeitsablauf gestört wird. Bestimmt wird euch dort jemand in Empfang nehmen, der alles erklärt und eure Fragen beantwortet. Denkt daran, rücksichtsvoll und höflich zu den Mitarbeiterinnen und Mitarbeitern zu sein. Nutzt die Zeit im Betrieb, um eure vorbereiteten Fragen zu stellen. Beobachtet die Arbeitsabläufe genau. Vergesst nicht, eure Arbeitsergebnisse zu dokumentieren.

Auswertung der Erkundung
Jetzt geht es darum, die Informationen, die ihr während der Erkundung gesammelt habt, auszuwerten. Die Gruppen tauschen sich erst einmal über ihre Eindrücke während der Erkundung aus. Dann legt ihr fest, wie die einzelnen Gruppen ihre Arbeitsergebnisse präsentieren: als Kurzreferat mit selbst gestalteten Plakaten oder einer Bildschirmpräsentation, als Artikel für die Schulhomepage oder in Form einer Wandzeitung auf Stellwänden im Schulhaus.
Zuletzt besprecht ihr, was bei eurer Betriebserkundung gut gelungen ist und was ihr das nächste Mal besser machen würdet.

> **Tipp**
> Bei der Zugangserkundung in der 7. Klasse habt ihr einen Erkundungsbogen erstellt. Verändert diesen so, dass er für euren Betrieb und euren Erkundungsschwerpunkt passt.

→ **Methode** Eine Bildschirmpräsentation erstellen, S. 111

Aufgaben

1 ○ Erkläre mit eigenen Worten den Unterschied zwischen einer Arbeitsplatz- und einer Betriebserkundung.

2 ● 👥 Auf S. 39 hast du in Aufgabe 3 die Betriebe in deiner Region recherchiert und sie den Wirtschaftssektoren zugeordnet. Suche mit deiner Partnerin/deinem Partner für jeden der drei Erkundungsschwerpunkte Beschaffung – Produktion – Absatz einen Betrieb aus. Begründet eure Wahl.

3 ○ 👪 Diskutiert in der Klasse, welche Betriebe ihr gerne erkunden würdet.

4 ● 👪 Bildet Gruppen, die sich über die Betriebe, die euch interessieren, informieren und diese dann in der Klasse kurz vorstellen.
→ **Methode** Internetrecherche, S. 116

5 ● 👪 Einigt euch mit eurer Lehrkraft, ob ihr einen einzigen oder mehrere Betriebe erkunden wollt. Sprecht auch darüber, wer den Kontakt zu den Betrieben herstellt und anfragt, ob eine Betriebserkundung möglich ist.

6 ● „Die Betriebserkundung ist eine gute Vorbereitung für das Betriebspraktikum." Stimmst du dieser Aussage zu? Begründe.

Erkundungsschwerpunkte Beschaffung – Produktion – Absatz

Die Klasse 8a der Mittelschule Neustadt hat sich entschieden, nur einen einzigen Betrieb zu erkunden. Die Schülerinnen und Schüler wollen die Druckerei, in der die Tageszeitung „Neustadter Nachrichten" gedruckt wird, besuchen. Für die Betriebserkundung teilt sich die Klasse in mehrere Gruppen auf. Die drei betrieblichen Grundfunktionen lassen sich gut von jeweils einer Gruppe untersuchen.

Beschaffung

Beschaffung	Produktion	Absatz

↗ **Lexikon**
Offsetdruck

Auch in einer Druckerei müssen **Werk-** und **Rohstoffe** beschafft werden, in erster Linie Papier und Farben. Dafür gibt es viele Anbieter, die verschiedene Qualitäten zu unterschiedlichen Preisen anbieten. Die **Betriebsmittel** in der Druckerei sind z. B. die Druck- oder Schneidemaschinen. Eine moderne Großdruckerei besitzt meist eine große Rollenoffsetdruckmaschine. Solche Maschinen können mehrere Millionen Euro kosten. Also muss eine Druckerei auch über ausreichende **finanzielle Mittel** verfügen. Als **Arbeitskräfte** sind in der Druckerei viele Menschen tätig. Dort arbeiten etwa qualifizierte Fachkräfte, die eine Ausbildung zum Medientechnologen Druck oder Druckverarbeitung, zum Papiertechnologen oder zum Buchbinder absolviert haben. Jugendliche, die eine Beeinträchtigung oder eine Behinderung haben, können sich in Druckereien beispielsweise zum Fachpraktiker für Medientechnologie Druck ausbilden lassen.
Es gibt auch angelernte Arbeitskräfte, die keine Ausbildung absolviert haben. Diese werden dann ein paar Wochen lang in bestimmte Tätigkeiten eingelernt. Diese angelernten Arbeitskräfte verdienen deutlich weniger als die Fachkräfte.

Alles zum Thema Lohn erfährst du ab S. 56.

Produktion

Organisation des Produktionsablaufs

Die Schülerinnen und Schüler interessiert sehr, wie die riesengroße Rollenoffsetdruck-maschine funktioniert. Jeden Tag werden Unmengen von Papier bedruckt. Sicherlich muss der Zeitungsverlag viele Zeitungen drucken und verkaufen, damit sich die An-schaffung der teuren Maschine lohnt. Da die Tageszeitung am frühen Morgen ausge-liefert wird, wird sie am späten Vorabend und in der Nacht gedruckt. Tagsüber werden Aufträge von anderen Unternehmen, wie z. B. Werbeprospekte, gedruckt, damit die teuren Maschinen rund um die Uhr ausgelastet sind.

Personalplanung und Aufgabenverteilung

An der Produktion der Zeitung sind auch Redakteure, Fotografen und kaufmännische Angestellte beteiligt. Diese arbeiten im Redaktionsgebäude. Sie recherchieren, schrei-ben Artikel und wählen Bilder aus. Dann gestalten weitere Fachkräfte eine Zeitungssei-te so, dass alles gut zusammenpasst. Während dies früher ein komplizierter Satzvor-gang war, wird das Layout der Zeitung heute viel einfacher am Computer erstellt. Eine wichtige Einnahmequelle für die Tageszeitung sind die verschiedenen Anzeigen, wie z. B. Stellen-, Todes- oder Wohnungsanzeigen. Unternehmen oder Privatleute, die diese aufgeben wollen, werden von Kundenbetreuern beraten.

↗ **Lexikon**
Layout

Absatz

Jeder Zeitungsabonnent möchte morgens seine Zeitung haben. Deshalb muss es ein zuverlässiges Auslieferungssystem geben (**Absatzwege**). Viele Menschen haben heutzu-tage kein Zeitungsabo mehr. Sie lesen die Nachrichten lieber gratis auf Onlineportalen oder in sozialen Netzwerken. Durch Werbemaßnahmen versuchen die „Neustadter Nachrichten", alte Kunden zu halten oder neue zu gewinnen (**Werbung**). Der Zeitungsverlag kalkuliert den Preis einer einzelnen Zeitung oder eines Monats-abonnements sehr genau. Denn wie alle anderen Unternehmen muss auch ein Verlag Gewinn erzielen, um am Markt bestehen zu können (**Preispolitik**).

↗ **Lexikon**
Abonnement

↗ **Lexikon**
soziale Netzwerke

Aufgaben

1 Besprecht in der Klasse, ob und warum ihr eine Betriebserkundung in einer großen Druckerei interessant findet.

2 Welche Fragen stellen die verschiedenen Grup-pen aus der Klasse 8a während der Betriebser-kundung? Liste mit deiner Partnerin/deinem Partner mindestens vier Fragen auf.

3 Bittet eure Lehrkraft, alle Fragen abzutippen. Sortiert gleiche oder ähnliche Fragen aus. Ord-net die Fragen den Erkundungsschwerpunkten Beschaffung – Produktion – Absatz zu. Sammelt alle Fragen, die nicht zu einem der drei Erkun-dungsschwerpunkte passen und bildet dafür Überschriften.

4 Fragt zu Hause nach, ob ihr eine Tageszeitung abonniert habt. Recherchiert, wie viel das Abonnement kostet.

5 Bestimmt kann man eure Tageszeitung auch online lesen. Informiere dich, wie der Onlineauftritt aufgebaut ist. Frage nach, was das Onlineabo kostet.
→ **Methode** Internetrecherche, S. 116

6 Diskutiert in der Klasse, was für ein normales Zeitungsabonnement und was für das Online-angebot spricht. Überlegt auch, welche Nach-teile beide Möglichkeiten haben.

Erkundung – weitere Schwerpunkte

Die Klasse 8a der Mittelschule Neustadt hat sich für folgende Erkundungsschwerpunkte bei der Druckerei der „Neustadter Nachrichten" entschieden:

- **Beschaffung**,
- **Produktion**,
- **Absatz**.

Zusätzlich haben die Schülerinnen und Schüler drei weitere Erkundungsschwerpunkte ausgewählt:

- **Arbeitsplatz Tageszeitung**,
- **Der Mensch und die moderne Drucktechnik**,
- **Werkstoff Zeitungspapier**.

In den folgenden drei Abschnitten erfährst du, welche Informationen die drei zusätzlichen Gruppen während der Betriebserkundung gesammelt haben.

Arbeitsplatz Tageszeitung

Informationen zu Minijobs findest du auf S. 67.

Die „Neustadter Nachrichten" beschäftigen insgesamt etwa 110 Festangestellte, ungefähr 450 „Minijobber" und eine ganze Reihe freier Mitarbeiterinnen und Mitarbeiter wie Fotografen oder Redakteure. Die Erkundungsgruppe konnte sich nur in der Druckvorbereitung und der Druckerei, nicht jedoch im Redaktionshaus umsehen. In der Druckvorbereitung arbeiten acht Mediengestalter/-innen Digital und Print, fast alle in Vollzeit. Außerdem sind in der Druckerei und der Druckweiterverarbeitung acht angelernte Vollzeitkräfte, zwei Medientechnologen/-innen Druck, ein Druckermeister und mehrere Teilzeitkräfte tätig. Dazu kommen sechs Kraftfahrer, welche die abgepackten Zeitungen morgens um zwei Uhr ausfahren, und mehrere hundert Zeitungsausträger/-innen, die täglich nur zwei bis drei Stunden arbeiten. Da die Zeitung in der Nacht gedruckt bzw. am frühen Morgen ausgeliefert und ausgetragen wird, sind normale Arbeitszeiten von morgens bis abends selten. In der Druckerei wird sogar im Drei-Schicht-Betrieb gearbeitet. Weil die Arbeitszeiten einen normalen Tagesablauf oft nicht erlauben, bietet der Arbeitgeber „Neustadter Nachrichten" seinen Mitarbeiterinnen und Mitarbeitern besondere Vergünstigungen: gutes Kantinenessen, kostenlose Getränke im Produktionsbereich, eine hauseigene Kinderbetreuung und Zuschüsse für den Beitrag zum Fitnessstudio.

Der Mensch und die moderne Drucktechnik

Die Druckeinheit ist eine riesige Maschine, die aus mehreren Aggregaten besteht und ungefähr 550 Tonnen wiegt, also so viel wie ein Mehrfamilienhaus. Der Mensch ist am Druckprozess insofern beteiligt, als er von einem Steuerpult aus den Druck mithilfe eines Computers laufend kontrolliert. Trotz des Computereinsatzes überprüft ein Mitarbeiter ständig die Druckqualität während des Druckprozesses.

↗ **Lexikon**
Aggregat

Werkstoff Zeitungspapier

Die „Neustadter Nachrichten" bedrucken jeden Tag 50 Tonnen Papier. Dafür müssten etwa 70 große Fichten gefällt werden. Es wird ausschließlich Recyclingpapier verwendet, das auf große Rollen aufgewickelt ist. Die Jugendlichen erfahren von ihrer Ansprechpartnerin Frau Händel, dass der Prozess des Papierrecyclings sehr viel Energie verbraucht. Frau Händel erklärt, dass in Deutschland jährlich 15,6 Mio. Tonnen Papier verbraucht werden. Nur rund die Hälfte davon wird wiederverwertet. Sie weist die Jugendlichen darauf hin, wie wichtig es ist, Papier zu sammeln.

Aufgaben

1 Welche Fragen haben die drei Gruppen „Arbeitsplatz Druckerei", „Der Mensch und die moderne Drucktechnik" und „Werkstoff Zeitungspapier" während der Betriebserkundung gestellt? Liste für jede Gruppe mindestens zwei Fragen auf.

2 Jetzt seid ihr dran. Ihr habt einen oder mehrere Erkundungsbetriebe ausgewählt.
a. Sammelt in der Gruppe Fragen, die ihr im Betrieb stellen wollt. Denkt auch an Fragen, die den Umweltschutz betreffen.
b. Sammelt alle Fragen in der Klasse. Sortiert sie nach den Erkundungsschwerpunkten Beschaffung – Produktion – Absatz.
c. Wahrscheinlich habt ihr weitere Fragen gefunden, die ihr nicht eindeutig Beschaffung – Produktion – Absatz zuordnen könnt. Sortiert diese ebenfalls und findet Überbegriffe. Auf diese Weise ergeben sich weitere Erkundungsschwerpunkte.
d. Teilt die Klasse in Gruppen auf. Jede Gruppe ist für einen Erkundungsschwerpunkt zuständig.

3 Nun muss noch ein Erkundungsbogen erstellt werden.
a. Erstellt den Erkundungsbogen mithilfe eurer Lehrkraft.
● M b. Erstellt den Erkundungsbogen selbstständig.
c. Bittet die Schülerinnen und Schüler, die das Fach WiK besuchen, den Erkundungsbogen in übersichtlicher Form abzutippen.

Lohn ist nicht gleich Lohn!

„Brutto ist nicht gleich netto." Lies hierzu die Seiten 62 – 67.

Jede Arbeitnehmerin und jeder Arbeitnehmer wird für die im Betrieb geleistete Arbeit entlohnt. Sicherlich hast du für den Ausdruck „Lohn" auch schon andere Begriffe wie „Gehalt", „Vergütung" oder „Verdienst" gehört.

Nicht Lohn, sondern **Entgelt** ist der korrekte Begriff für die Bezahlung einer geleisteten Arbeit. Das Wort stammt nicht vom Nomen Geld, sondern vom Verb „entgelten" ab und wird deshalb mit „t" am Ende geschrieben.

In Deutschland wird der Lohn in der Regel im Nachhinein, also am Monatsende, ausbezahlt. Die Höhe der Vergütung, ihre Zusammensetzung und Berechnung sind im Arbeits- oder Ausbildungsvertrag geregelt. Bei diesem Betrag handelt es sich immer um den **Bruttolohn** und nicht um die ausbezahlte Summe.

Arbeitsentgelte können sehr unterschiedlich sein.
Frau Mierau (58 Jahre) arbeitet schon seit 25 Jahren bei den „Neustadter Nachrichten". Sie ist als Industriemeisterin Druck für die komplette Druckvorbereitung verantwortlich und verdient monatlich 3 720 €.
Herr Glock (26 Jahre) ist in der Großbäckerei Bücherl tätig. Er hat keine abgeschlossene Berufsausbildung. Nach einer Anlernzeit von vier Wochen hilft er nun seit ein paar Monaten in der Brotproduktion mit. Er erhält einen Monatslohn von ungefähr 1 880 €.

Welche Faktoren wirken sich auf die Höhe des Arbeitsentgelts aus?

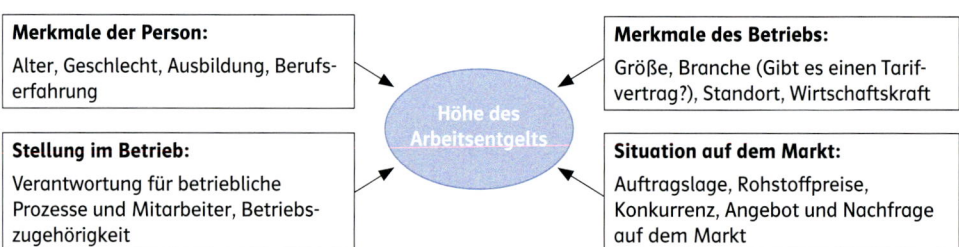

Merkmale der Person:
Alter, Geschlecht, Ausbildung, Berufserfahrung

Merkmale des Betriebs:
Größe, Branche (Gibt es einen Tarifvertrag?), Standort, Wirtschaftskraft

Höhe des Arbeitsentgelts

Stellung im Betrieb:
Verantwortung für betriebliche Prozesse und Mitarbeiter, Betriebszugehörigkeit

Situation auf dem Markt:
Auftragslage, Rohstoffpreise, Konkurrenz, Angebot und Nachfrage auf dem Markt

Aufgaben

1 Aus dem Schaubild kannst du verschiedene Faktoren, die Einfluss auf die Lohnhöhe haben, entnehmen. Erstelle eine Tabelle, in der du Frau Mierau und Herrn Glock hinsichtlich der dargestellten Faktoren vergleichst.

2 Erkläre die vier Faktoren aus dem Schaubild, welche die Lohnhöhe beeinflussen, mit eigenen Worten.

3 Diskutiert in der Kleingruppe, warum der durchschnittliche Verdienst in größeren Städten höher als in ländlichen Gebieten ist.

4 Es gibt noch weitere Bezeichnungen für das Arbeitsentgelt, z.B. Gage, Sold, Honorar oder Heuer. Recherchiere, wann diese Begriffe benutzt werden. Finde weitere. → **Methode** Recherche, S. 119
→ **Bezug** zum Fach Deutsch

Berufliche Tätigkeiten unterscheiden sich auch in der Form der Lohnauszahlung. In manchen Berufen oder Betrieben, z.B. im Einzelhandel oder im kaufmännischen Bereich, erhält man jeden Monat ein Festgehalt, egal, wie viele Arbeitstage der Monat hatte. In anderen Berufsfeldern, z.B. in der Industrie oder im Handwerk, wird der Lohn jeden Monat aufs Neue berechnet.

Dieser Unterschied erklärt sich dadurch, dass es **verschiedene Lohnformen** gibt.

> Bei den Lohnformen wird zwischen **Zeitlohn** und **Leistungslohn** unterschieden.
> Beim **Zeitlohn** wird die Dauer im Betrieb bezahlt, nicht jedoch die Arbeitsmenge.
> Der **Leistungslohn** berechnet sich danach, ob eine bestimmte zuvor klar definierte Leistung erbracht wurde. Zum **Leistungslohn** zählen der **Akkordlohn** und der **Prämienlohn**.
> In einigen Berufen ist das Entgelt eine Mischform aus Zeit- und Leistungslohn.

Zeitlohn

Ein bestimmter Lohnsatz pro Zeiteinheit wird ausgezahlt. Die Zeiteinheiten können Stunden, Tage, Wochen oder Monate sein. In den meisten Handwerksberufen wird der Lohn so berechnet.

Leistungslohn

Akkordlohn: In der industriellen Fertigung, manchmal auch in Handwerksberufen, wird Akkordlohn bezahlt. Dabei wird ein Betrag für eine bestimmte Leistung ausgezahlt, z.B. für die Produktion einer bestimmten Stückzahl oder für das Streichen einer Fläche in Quadratmeter.

Prämienlohn: Zusätzlich zu einem festgelegten Grundlohn wird eine Prämie bei Übertreffen der erwarteten Leistung gezahlt. Prämien sind im Verkauf üblich, jedoch auch in anderen Berufsgruppen, z.B. bei einem raschen, erfolgreichen Projektabschluss oder im Fall eines besonders effektiven Verbesserungsvorschlags.

Weitere Lohnformen

* *Beteiligungslohn:* Die Mitarbeiter werden am Umsatz oder am Gewinn der Firma beteiligt.
* *geldwerter Vorteil:* Eine Firma gewährt den Mitarbeitern Vergünstigungen, die normalerweise Geld kosten, z.B. Dienstwagen, kostenfreier Besuch des Betriebskindergartens oder Übernahme kostenpflichtiger Weiterbildungen.
* *Mitarbeiterrabatte:* Die Mitarbeiter erhalten die Waren der Firma verbilligt.
* *Weihnachts- und Urlaubsgeld* sind entweder in einem Tarif festgelegt oder eine freiwillige Leistung des Arbeitgebers.
* *Zuschläge* für Sonntags-, Nacht- und Schichtarbeit.

Herr
Andreas Meister
Hofer Str. 4b
91192
Volkenschwand

April 20..
Grundlohn: 13,40 €

Tag	Stdn.
Mo, 20.	7,50
Di, 21.	9,50
Mi, 22.	5,50
Do, 23.	5,00
Fr, 24.	8,00

Aufgaben

1 Der Zeitlohn und der Leistungslohn haben sowohl für die Arbeitnehmer als auch für die Arbeitgeber Vor- und Nachteile. Erkläre.

2 Sprecht in Kleingruppen über die verschiedenen Lohnformen. Wie würdet ihr gerne entlohnt werden?

Was bedeutet Tariflohn?

Frau Mierau: „Zum Glück zahlen die ‚Neustadter Nachrichten' den Tariflohn. Deshalb verdiene ich im Vergleich zu anderen Arbeitnehmern im Druckgewerbe ziemlich gut. Und ich kann mich darauf verlassen, dass die Gewerkschaft regelmäßig eine Lohnerhöhung mit den Arbeitgebern vereinbart."

Der **Tariflohn** ist der Lohn, den die **Gewerkschaften** und die **Arbeitgeber** in **Tarifverhandlungen** miteinander aushandeln. Er wird in **Tarifverträgen** festgeschrieben. Meistens gilt er für eine ganze Branche in einem bestimmten Gebiet, z. B. für die Baubranche in Bayern. Manchmal wird er nur für einen großen Betrieb festgelegt, z. B. für einen Automobilhersteller.

Frau Mierau ist vor vielen Jahren der Gewerkschaft ver.di beigetreten. Sie sagt: „Es ist gut, dass es Gewerkschaften gibt. So muss nicht jeder Arbeitnehmer für sich allein um seine Rechte kämpfen. Ich zahle zwar regelmäßig den Gewerkschaftsbeitrag, aber ich weiß, dass meine Interessen durch die Gewerkschaft am besten vertreten werden."

Gewerkschaften
Das sind Organisationen, die sich für die Interessen der Arbeitnehmer einsetzen. Sie verhandeln mit den Arbeitgebern über die Höhe des Arbeitsentgelts und die Arbeitsbedingungen, z. B. die Arbeitszeit und die Urlaubstage. Sie beraten und unterstützen ihre Mitglieder, wenn diese Probleme in ihrem Unternehmen oder andere Fragen in Bezug auf ihre Arbeitsstelle haben.

Gewerkschaft

Arbeitgeber

führen Tarif-
verhandlungen

Den Gewerkschaften stehen die **Arbeitgeber**, also die Unternehmer oder die Chefs, gegenüber. Auch sie kämpfen nicht für sich allein um ihre Interessen, sondern schließen sich **Arbeitgeberverbänden** an.
Beide Parteien haben entgegengesetzte Interessen. Die Arbeitnehmer möchten einen möglichst hohen Lohn bekommen, viel Urlaub haben und wenig schwere Arbeit verrichten. Lohnerhöhungen sollen den Anstieg der Lebenshaltungskosten ausgleichen.

↗ **Lexikon**
Lebenshaltungskosten

Spielregeln für den Arbeitskampf

Für die Arbeitgeber sind Löhne Kosten, welche die Preise für Produkte oder Dienstleistungen erhöhen. Diese lassen sich dann schwieriger verkaufen. Trotz der unterschiedlichen Positionen sind beide Parteien aufeinander angewiesen. Man nennt die beiden Seiten deshalb auch Tarifpartner.

Ein **Tarifvertrag** ist meist nur eine bestimmte Zeit gültig. Er wird dann, meist von den Gewerkschaften, gekündigt. Bevor die **Tarifverhandlungen** beginnen, teilen die Gewerkschaften den Arbeitgebern ihre Forderungen mit. In der Regel einigen sich die beiden Parteien nicht sofort. Dann werden meist neutrale Schlichter hinzugezogen. Falls die Schlichtung keinen Erfolg hat, können die Gewerkschaften zum Streik aufrufen. Es gibt klare Regeln, wann gestreikt werden darf. Der Staat darf sich in den Ablauf der Tarifverhandlungen nicht einmischen.

Streiks sind für die Bevölkerung lästig, wenn etwa Züge nicht fahren, Kitas geschlossen sind oder der Müll nicht abgeholt wird. Für die Arbeitnehmer hingegen sind sie das letzte Mittel, ihre Forderungen durchzusetzen. Wenn die Verhandlungen erfolgreich beendet sind, gibt es einen neuen **Tarifvertrag**. Dieser gilt für alle Arbeitgeber, die dem Arbeitgeberverband angehören und eigentlich nur für die Gewerkschaftsmitglieder. Jedoch geben die Betriebe fast immer die Lohnerhöhung an alle Mitarbeiter weiter.

> **Entgelttarifvertrag:** Die Höhe des Lohns wird festgesetzt.
> **Manteltarifvertrag:** Die wöchentliche Arbeitszeit oder die Anzahl der Urlaubstage werden festgeschrieben.
> **Rahmentarifvertrag:** enthält Bestimmungen für den Akkord- oder Leistungslohn und die verschiedenen Lohngruppen.

Tarifverträge werden zwischen Vertreterinnen und Vertretern von Arbeitnehmerinnen/Arbeitnehmern sowie Arbeitgeberinnen/Arbeitgebern ausgehandelt. Tarifverträge gelten jeweils für eine bestimmte Branche oder Region, z. B. für alle Beschäftigten im Öffentlichen Dienst in Bayern. Tarifverträge haben eine festgelegte Laufzeit, z. B. 33 Monate.

Aufgaben

1 Wer sind die Tarifpartner? Warum führen sie Tarifverhandlungen? Bildet Partnergruppen. Jede Partnerin/jeder Partner beantwortet eine der Fragen mit eigenen Worten.

2 Frau Mierau ist froh, dass die „Neustadter Nachrichten" Tariflohn bezahlen. Erkläre.

3 Informiert euch, welche Gewerkschaften es gibt. Erstellt ein Plakat, auf dem die Logos der einzelnen Gewerkschaften und die Mitgliedsbeiträge abgebildet sind. Recherchiert die Gewerkschaft, die für das Berufsfeld zuständig ist, für das ihr euch interessiert.

→ **Methode** Recherche (Internetrecherche), S. 116, 119
→ **Methode** Ein Plakat gestalten, S. 119

4 Diskutiert in der Klasse, ob ihr einer Gewerkschaft beitreten würdet. Tauscht Argumente aus.

Brutto ist nicht gleich netto: Steuern

Nachdenklich studiert Herr Schmidbauer seine Gehaltsabrechnung und seufzt: „Ach, wenn doch brutto netto wäre!" Herr Schmidbauer arbeitet in der Personalabteilung einer Firma, die Bürostühle herstellt. Er verdient laut seinem Arbeitsvertrag 6 500 € pro Monat.

Franziska, die 14-jährige Tochter von Herrn Schmidbauer, hat ihren Vater gehört: „Papa, was meinst du damit: ‚Ach, wenn doch brutto netto wäre'?" Sie wirft einen Blick auf die Gehaltsabrechnung ihres Vaters: „6 500 €, das ist doch echt viel Geld!" Herr Schmidbauer stimmt seiner Tochter zu: „An sich eine stattliche Summe. Doch schau, ich zeig dir was."

Er holt den Ordner, in dem er seine Gehaltsabrechnungen und die Kontoauszüge seines Girokontos aufbewahrt. Auf dem Kontoauszug steht, dass für den vergangenen Monat nur 3 568,38 € Gehalt überwiesen wurden.

Franziska wundert sich. Ihr Vater erklärt:

Umsatzanzeige			**Sparbank**
Markus Schmidbauer	Konto: DE71 7569 0000 6704 0031 25		**Neustadt**
Umsätze von: 24.03. bis 31.03.			
Umsatzdaten	**Buchungstag**	**Wertstellung**	**Betrag in Euro**
Telefon AG, Internet XL	27.03.	27.03.	69,80 −
Stadtwerke Neustadt	30.03.	30.03.	288,20 −
TOP SEAT Neustadt GmbH, Gehalt	31.03.	31.03.	3 568,38

Das Gehalt (Bruttogehalt), das im Arbeitsvertrag vereinbart wurde oder die Ausbildungsvergütung, die im Ausbildungsvertrag steht, ist nicht der Betrag (Nettogehalt), den der Arbeitgeber am Ende des Monats aufs Konto überweist. Vorher werden **Sozialabgaben** und gegebenenfalls **Steuern** abgezogen.

Jeder Arbeitnehmer muss **Lohnsteuer** zahlen. Mit der Lohnsteuer gibt der Arbeitnehmer einen Teil seines Gehaltes an den Staat ab. Der Arbeitgeber führt diesen Betrag direkt ab. Die Höhe der Lohnsteuer richtet sich nach dem Verdienst und der Lebenssituation des Arbeitnehmers. Erwachsene, die alleine leben, zahlen mehr Lohnsteuer als Arbeitnehmer, die eine Familie haben und für den Lebensunterhalt von Kindern sorgen.

Der Staat finanziert mit diesen Steuergeldern z. B. öffentliche Einrichtungen wie Schulen und Krankenhäuser oder Sozialleistungen für Menschen, die Unterstützung brauchen. Außerdem bezahlt der Staat damit Beamte oder auch den Straßenbau.

Weiter führt der Vater aus: „Und dann gibt es noch die **Kirchensteuer**."

Die **Kirchensteuer** wird auf der Grundlage der Lohnsteuer berechnet und fällt mit ihr gemeinsam an. Kirchensteuerpflichtig sind alle Arbeitnehmer, die einer eingetragenen Kirche angehören. Mitglied in einer Kirche zu sein, ist, als ob man einem Verein angehört. Wenn man also zur evangelischen Kirche oder zur katholischen Kirche gehört, zahlt man Kirchensteuer. Die Kirchensteuer ist sozusagen der Mitgliedsbeitrag.

↗ **Lexikon**
eingetragene Kirche

Die Kirchensteuer wird vom Arbeitgeber direkt an die jeweilige Kirche abgeführt. Die Kirchen bezahlen mit diesen Einnahmen ihr Personal, z. B. Pfarrer, Erzieher oder Ärzte in kirchlichen Kindergärten und Krankenhäusern. Auch für kirchliche Schulen oder Jugendgruppen wird Geld aufgewendet.
Und dann erwähnt Herr Schmidbauer noch den **Solidaritätszuschlag**.

Solidarität bedeutet, dass sich Menschen einander verbunden fühlen und bereit sind, Leistungen für alle zu erbringen. Der **Solidaritätszuschlag** ist eine Ausgleichszahlung, die 1991 eingeführt wurde, um die Kosten der deutschen Einheit zu finanzieren. Heute werden mit dieser Abgabe auch andere Dinge finanziert.

Die Höhe des Solidaritätszuschlags beträgt höchstens 5,5 % der Lohnsteuer. Nur lohnsteuerpflichtige Personen müssen diese Abgabe zahlen und erst dann, wenn die Lohnsteuer mindestens 81 Euro im Monat beträgt. Auch der Solidaritätszuschlag wird vom Arbeitgeber direkt an den Staat abgeführt.

Aufgaben

1 ○ Nenne die drei Steuern, die jeder Arbeitnehmer zahlen muss.

2 ◑ Wie erklärt Herr Schmidbauer seiner Tochter die Begriffe Brutto- und Nettogehalt? Formuliere mit eigenen Worten.

3 ◑ 八八 Erkläre, wofür der Staat die Steuereinnahmen verwendet. Sammle diese Informationen mit einer Partnerin/einem Partner. Einige Punkte werden oben im Text angesprochen. Setzt eure Recherche im Internet fort.
↗ **Methode** Internetrecherche, S. 116

4 ○ Lege dar, welche Steuerabgabe nicht an den Staat entrichtet wird und wer der Empfänger ist. Beschreibe, was durch diese Steuer finanziert wird.

5 ● Recherchiere im Internet, wie viel Prozent der Lohnsteuer die Kirchensteuer aktuell beträgt.
↗ **Methode** Internetrecherche, S. 116

6 ● M Im Text hast du erfahren, dass der Solidaritätszuschlag 1991 eingeführt wurde, um die Kosten der deutschen Einheit zu tragen. Recherchiere, welches geschichtliche Ereignis sich hinter diesem Begriff verbirgt und inwiefern dadurch große Kosten für Deutschland entstanden sind.
↗ **Methode** Internetrecherche, S. 116

Brutto ist nicht gleich netto: Sozialabgaben

Franziska studiert mit Interesse die Gehaltsabrechnung ihres Vaters: „Okay, hier geht die Lohnsteuer weg, 1 618,16 €. Das ist die Kirchensteuer; da gehen weitere 108,65 € weg. Und hier steht der Solidaritätszuschlag: 74,69 €."

Es gibt noch weitere Abzüge. „Papa, da werden dir noch vier weitere Beträge abgezogen! Die Rentenversicherung mit 604,50 €, die Arbeitslosenversicherung mit 97,50 €, die Krankenversicherung mit 371,70 € und die Pflegeversicherung mit 56,42 €."

Herr Schmidbauer nickt: „Das sind die **Sozialabgaben**."

Minijob:
Lies hierzu die
S. 67.

In Deutschland gibt es die gesetzlich festgelegte **Sozialversicherungspflicht**. Jeder Arbeitnehmer oder Auszubildende ist sozialversichert (Ausnahme: Minijob.) Das bedeutet: Wer arbeitet, zahlt automatisch Geld in die Sozialversicherungen ein.

Franziskas Vater erläutert: „**Unser Sozialversicherungssystem ruht auf fünf Säulen**".

↗ **Lexikon**
Generationenvertrag

Rentenversicherung

Die gesetzliche **Rentenversicherung** zahlt ab einem bestimmten Lebensalter (meist ab 67 Jahren) eine **Rente**. Geld aus der Rentenkasse erhält jeder ehemalige Arbeitnehmer, der in die Rentenversicherung eingezahlt hat. Die Höhe seiner Rente bemisst sich nach den Jahren, die ein Arbeitnehmer erwerbstätig war und aus der Höhe seines Einkommens.

Arbeitslosenversicherung

↗ **Lexikon**
Arbeitsverhältnis

Wenn jemand arbeitslos wird, hat er für eine gewisse Zeit Anspruch auf **Arbeitslosengeld**. Vorher muss er aber in einem lohnsteuerpflichtigen Arbeitsverhältnis beschäftigt gewesen sein und in die **Arbeitslosenversicherung** eingezahlt haben. Wie hoch das Arbeitslosengeld ist, hängt davon ab, wie viel der Arbeitslose vorher verdient hat.

Krankenversicherung

Jeder Arbeitnehmer muss laut Gesetz krankenversichert sein. Die **Krankenkasse** bezahlt Arzt- und Krankenhausbesuche, Medikamente und Vorsorgeuntersuchungen. Wenn ein Arbeitnehmer länger als sechs Wochen ausfällt, zahlt sie ein Krankengeld, das den Lohn teilweise ersetzt.

Pflegeversicherung

Die Menschen leben im Vergleich zu früher immer länger. Deshalb gibt es auch mehr und mehr alte Menschen, die zu gebrechlich oder zu krank sind, um ohne fremde Hilfe zurechtzukommen. Zur Finanzierung dieser Hilfe hat der Staat die gesetzliche **Pflegeversicherung** eingeführt.

Franziska hat die Erklärungen ihres Vaters mit Interesse verfolgt. Doch hat er da nicht einen Fehler gemacht? „Papa, das waren jetzt aber nur vier Versicherungen!" „Hey, du hast gut aufgepasst", freut sich Herr Schmidbauer. „Es fehlt noch die Unfallversicherung."

Unfallversicherung:
Die gesetzliche **Unfallversicherung** zahlt bei einem Unfall am Arbeitsplatz oder auf dem Weg dorthin. Diese Versicherung entrichtet komplett der Arbeitgeber. Die Unfallversicherung übernimmt vergleichsweise hohe Renten für Menschen, die durch einen Arbeits- oder Wegeunfall bleibende Schäden erlitten haben.

Herr Schmidbauer erklärt: „Die Unfallversicherung zahlt nur der Arbeitgeber. Daher findest du sie nicht auf meinem Gehaltsnachweis. Die Rentenversicherung, die Arbeitslosenversicherung, die Pflegeversicherung und die Krankenversicherung zahlen Arbeitgeber und Arbeitnehmer gemeinsam. Das bedeutet, wenn ich 371,70 € in die Krankenversicherung einzahle, zahlt mein Arbeitgeber noch einmal fast den gleichen Betrag dazu. Ebenso verhält es sich bei der Arbeitslosenversicherung, der Pflegeversicherung und der Rentenversicherung."

↗ **Lexikon**
Lohnnebenkosten

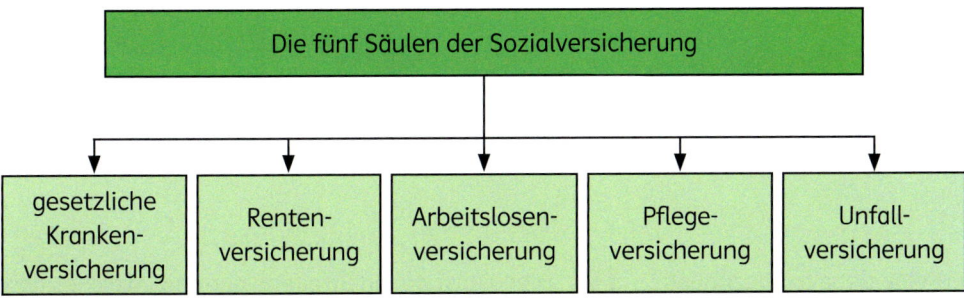

Aufgaben

1 Herr Schmidbauer bekommt nicht sein Bruttogehalt, sondern ein Nettogehalt ausgezahlt.
   a. Benenne alle Posten, die vom Bruttogehalt abgezogen werden.
   b. Addiere nun alle Abzüge. Vergleiche dein Ergebnis mit deiner Lösung für Aufgabe 2b von S. 61. Was fällt dir auf?

2 Bildet Paare und erklärt euch gegenseitig die fünf Sozialversicherungen.

3 „Ein Arbeitnehmer kostet ein Unternehmen mehr als nur den Lohn."
Erkläre diese Behauptung.

4 Gib bei einer Internetrecherche den Begriff „Brutto-Netto-Rechner" ein. Du erhältst als
M Ergebnis Seiten mit Rechnern, die zu einem Bruttolohn den Nettolohn berechnen.
Gib nun als Bruttolöhne die Eurobeträge 1 050, 1 780, 2 800 und 4 360 ein. Probiere die Steuerklassen 1, 3, 4 und 5 aus. (Bitte deine Lehrkraft, dir vorher kurz das Prinzip der Steuerklassen zu erklären.)
Was fällt dir auf? Berichte.
⌁ **Methode** Internetrecherche, S. 116

Die Gehaltsabrechnung

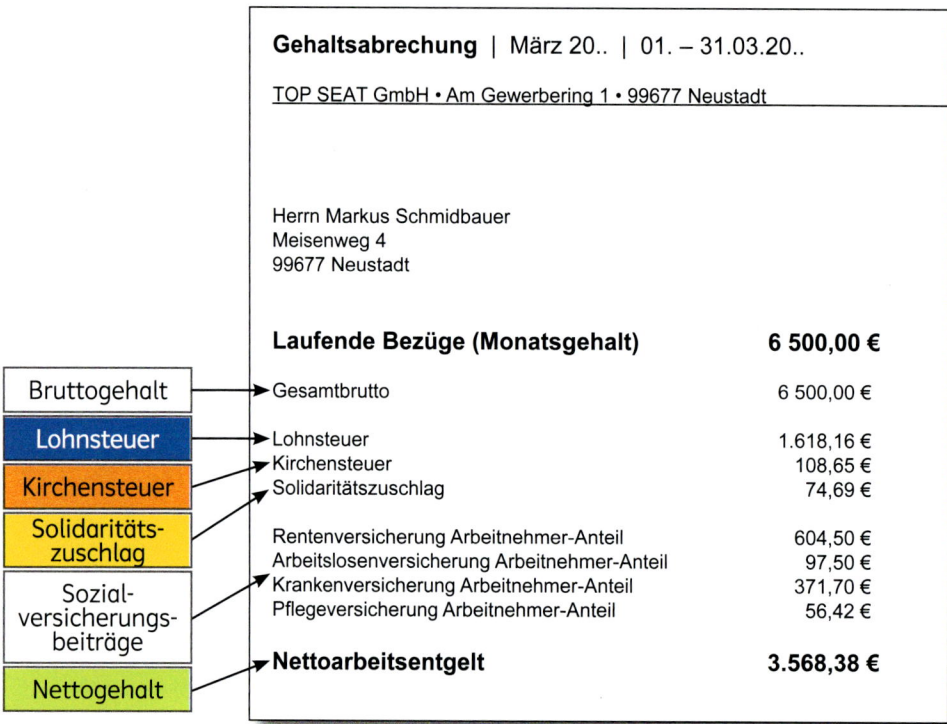

Gehaltsabrechnung | März 20.. | 01. – 31.03.20..

TOP SEAT GmbH • Am Gewerbering 1 • 99677 Neustadt

Herrn Markus Schmidbauer
Meisenweg 4
99677 Neustadt

Laufende Bezüge (Monatsgehalt)	**6 500,00 €**
Gesamtbrutto	6 500,00 €
Lohnsteuer	1.618,16 €
Kirchensteuer	108,65 €
Solidaritätszuschlag	74,69 €
Rentenversicherung Arbeitnehmer-Anteil	604,50 €
Arbeitslosenversicherung Arbeitnehmer-Anteil	97,50 €
Krankenversicherung Arbeitnehmer-Anteil	371,70 €
Pflegeversicherung Arbeitnehmer-Anteil	56,42 €
Nettoarbeitsentgelt	**3.568,38 €**

Labels:
- Bruttogehalt
- Lohnsteuer
- Kirchensteuer
- Solidaritätszuschlag
- Sozialversicherungsbeiträge
- Nettogehalt

Hier siehst du die Gehaltsabrechnung von Herrn Schmidbauer, den du ja bereits kennst.

Aufgaben

1
a. Worüber informiert eine Gehaltsabrechnung? Notiere deine Antworten in Stichpunkten auf Wortkarten.
b. Ordne deine Ergebnisse den Begriffen „Entgelt", „Steuern" und „Sozialabgaben" zu. Brauchst du noch einen weiteren Überbegriff? Wähle selbst.
→ **Methode** Wortkartenarbeit, S. 124

2
a. Ordne die Sozialversicherungsbeiträge vom höchsten zum niedrigsten Beitrag.
b. Überlege mit einer Partnerin/einem Partner: Warum sind die Versicherungen so unterschiedlich teuer?

3 ●
a. Berechne, wie viel Prozent von seinem Bruttogehalt Herr Schmidbauer ausbezahlt bekommt.
b. Berechne, wie viel Prozent vom Bruttogehalt als Lohnsteuer abgezogen wird.

4
M
Hier siehst du ein Streifendiagramm, welches das Bruttoentgelt von Herrn Schmidbauer abbildet.

Übernimm diesen Streifen in dein Heft und erstelle selbst zwei weitere Streifen. (Einheit: 10 % entspricht 2 cm; nimm das Heft quer.)
a. Schlüssle das Entgelt von Herrn Schmidbauer in all seine Bestandteile auf. (Lohnsteuer, Kirchensteuer, Solidaritätszuschlag, Krankenversicherung, Pflegeversicherung, Arbeitslosenversicherung, Rentenversicherung und Nettogehalt) Berechne die Prozentanteile und stelle diese in einem Streifen dar.
b. Stelle Herrn Schmidbauers Nettogehalt als Streifen dar.

Laura arbeitet ebenfalls bei der Firma TOP SEAT. Sie erlernt dort den Beruf der Fachkraft für Lagerlogistik. Aktuell ist sie im dritten Ausbildungsjahr.

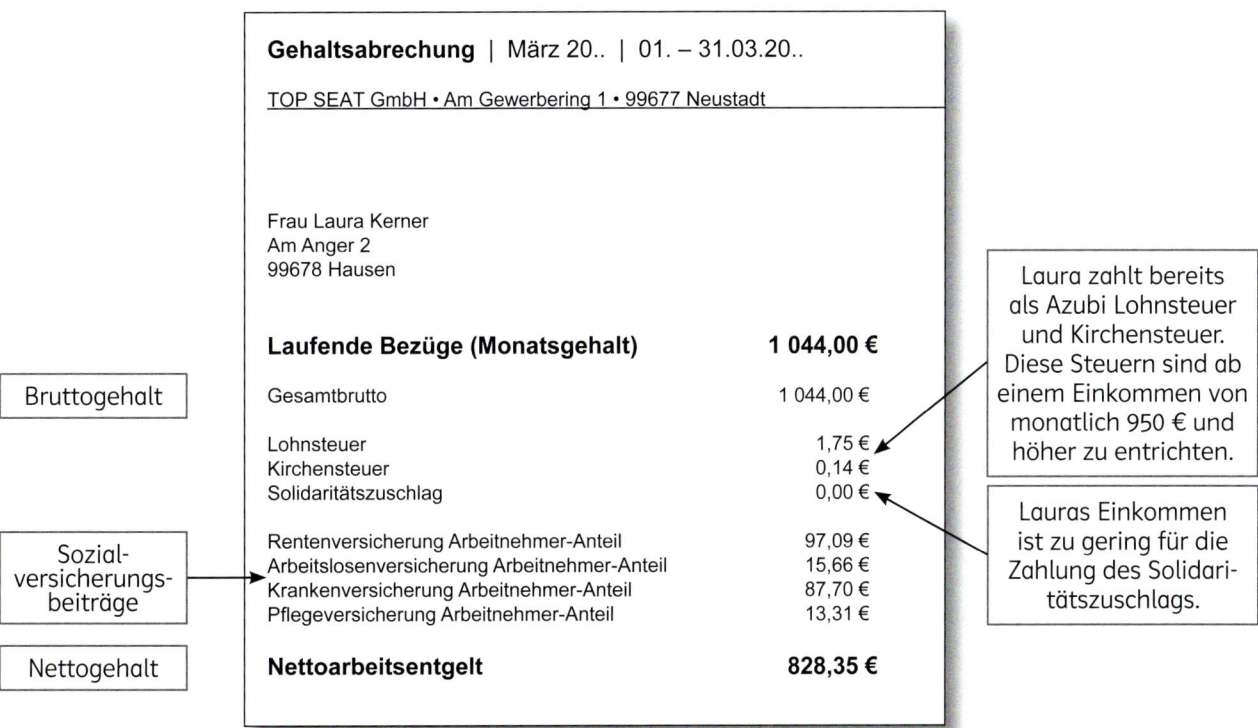

Gehaltsabrechnung | März 20.. | 01. – 31.03.20..

TOP SEAT GmbH • Am Gewerbering 1 • 99677 Neustadt

Frau Laura Kerner
Am Anger 2
99678 Hausen

Laufende Bezüge (Monatsgehalt)	**1 044,00 €**
Gesamtbrutto	1 044,00 €
Lohnsteuer	1,75 €
Kirchensteuer	0,14 €
Solidaritätszuschlag	0,00 €
Rentenversicherung Arbeitnehmer-Anteil	97,09 €
Arbeitslosenversicherung Arbeitnehmer-Anteil	15,66 €
Krankenversicherung Arbeitnehmer-Anteil	87,70 €
Pflegeversicherung Arbeitnehmer-Anteil	13,31 €
Nettoarbeitsentgelt	**828,35 €**

Bruttogehalt

Sozial-versicherungs-beiträge

Nettogehalt

Laura zahlt bereits als Azubi Lohnsteuer und Kirchensteuer. Diese Steuern sind ab einem Einkommen von monatlich 950 € und höher zu entrichten.

Lauras Einkommen ist zu gering für die Zahlung des Solidaritätszuschlags.

Tipp:
Eine Gehaltsabrechnung ist ein wichtiges Dokument, das noch Jahre später von Bedeutung ist. Daher solltest du sie nach Erhalt gewissenhaft kontrollieren und aufbewahren.
Kontrolle: Sind alle Angaben korrekt?
Dokumentation: Sammle deine Gehaltsabrechnungen sauber in einem Ordner, damit sie dir auch später zur Verfügung stehen.

Aufgaben

1 a. Worüber informiert eine Gehaltsabrechnung? Notiere deine Antworten in Stichpunkten auf Wortkarten.
b. Ordne deine Ergebnisse den Begriffen „Entgelt", „Steuern" und „Sozialabgaben" zu. Brauchst du noch einen weiteren Überbegriff? Wähle selbst.
c. Vergleiche deine Ergebnisse mit Aufgabe 1 von S. 64. Was fällt dir auf?
→ **Methode** Wortkartenarbeit, S. 124

2 Laura zahlt nur wenig Lohn- und Kirchensteuer. Würde sie unter 950 € verdienen, müsste sie keine Steuern zahlen. Überlege: Warum ist das so geregelt?

3 a. Berechne, wie viel Prozent von ihrem Bruttogehalt Laura ausbezahlt bekommt.
b. Berechne, wie viel Prozent vom Bruttogehalt als Lohnsteuer abgezogen wird.
c. Vergleiche deine Ergebnisse mit Aufgabe 3 von S. 64. Was fällt dir auf?

Muss der Arbeitgeber einen Mindestlohn bezahlen?

Du weißt bereits, dass in Deutschland die Löhne zwischen den Gewerkschaften und den Arbeitgebern ausgehandelt werden. Du hast auch erfahren, dass es Arbeitgeber gibt, die keinen Tariflohn bezahlen, weil sie dem Arbeitgeberverband nicht angehören. Einige Firmen zahlten in der Vergangenheit ihren Arbeitnehmern so wenig Lohn, dass diese davon ihren Lebensunterhalt nicht bestreiten konnten. Deshalb hat die Bundesregierung im Jahr 2014 beschlossen, einen **Mindestlohn** einzuführen.

Der **Mindestlohn** ist in einem Gesetz (Mindestlohngesetz) verankert. Er gilt seit dem 1. Januar 2015. Damals betrug er 8,50 € pro Stunde. Seitdem wurde er regelmäßig erhöht. Der **Mindestlohn** wird in brutto angegeben.

Diese Branchen haben einen erhöhten Mindestlohn: Pflegebranche, fast alle Bauberufe, Elektrohandwerk, Gebäudereinigung.

Jeder Arbeitgeber in Deutschland muss seitdem seinen volljährigen Arbeitnehmern mindestens diesen festgesetzten Betrag für jede geleistete Arbeitsstunde zahlen. In einigen Betrieben erhalten die Arbeitnehmer höhere Löhne. Denn in manchen Branchen gelten **Branchenmindestlöhne**, die in einem Tarifvertrag ausgehandelt und von der Politik dann für allgemein verbindlich erklärt werden. So gilt beispielsweise ab 2018 in der Pflegebranche ein Mindestlohn, der knapp zwei Euro über dem regulären Mindestlohn liegt.

Es gibt auch **Ausnahmen vom Mindestlohn**. Die für dich wichtigsten sind:
- Auszubildende,
- Praktikanten,
- Zeitungsausträger (Sie bekommen nur 85 % des Mindestlohns),
- Jugendliche unter 18 Jahren ohne abgeschlossene Berufsausbildung.

Der Mindestlohn soll verhindern, dass Menschen trotz eines Vollzeitjobs nicht von ihrem Einkommen leben können. Dennoch kann es sein, dass ein Vollzeitarbeitnehmer, der für eine Familie verantwortlich ist, bei der Arbeitsagentur eine sogenannte **Aufstockung** beantragen muss.

Außerdem muss man auch an die Zeit nach der Erwerbstätigkeit denken. Nach 45 Jahren Arbeit mit einem Verdienst auf Mindestlohn-Niveau wird man **im Alter** keine ausreichende Rente erhalten. Gewerkschaften fordern daher die Anhebung des Mindestlohns.

Aufgaben

1 Erkundige dich bei einer Gewerkschaft oder im Internet, wie hoch der aktuelle Mindestlohn ist.
→ **Methode** Recherche (Internetrecherche), S. 116, 119

2 Besprich dich mit deiner Partnerin/deinem Partner.
Warum gibt es Ausnahmen beim Mindestlohn? Findet ihr, dass diese Ausnahmen gerecht sind?

Was ist ein Minijob?

Vielleicht hast du schon einmal darüber nachgedacht, einen Ferienjob anzunehmen. Aus der 7. Klasse weißt du, dass dabei die Regelungen des Jugendarbeitsschutzgesetzes gelten. Aber wie ist das mit den Steuern und Sozialabgaben? Sicherlich möchtest du nicht, dass von deinem hart verdienten Lohn diese Beiträge abgezogen werden. Um das zu vermeiden, musst du dich ganz genau an die Regelungen halten, die für Minijobs gelten.

Minijob
- wird auch als 450-Euro-Job oder geringfügiges Beschäftigungsverhältnis bezeichnet.
- Minijobber müssen keine Steuern und nur manchmal Abgaben bezahlen.
- Der Lohn darf monatlich 450 € nicht überschreiten. Man kann aber auch bis zu 70 Tage am Stück arbeiten. Dann darf der Jahreslohn nicht höher als 5 400 € sein.

Minijobs sind nicht nur bei Jugendlichen weit verbreitet. Es gibt viele Rentner, die sich durch 450-Euro-Jobs etwas Geld dazu verdienen. Manche müssen solche Jobs annehmen, weil die Rente nicht ausreicht. Andere sind froh, dass sie nicht mehr in Vollzeit arbeiten müssen. Aber auch bei Hausfrauen und -männern sind Minijobs beliebt, um die Haushaltskasse aufzubessern.

Minijobs sind für Schülerinnen und Schüler oder für Rentner attraktiv, weil keine Abgaben zu bezahlen sind. Für manche Arbeitnehmer können sie aber zum Problem werden: Herr Krück, der bei den Neustadter Nachrichten Zeitungen austrägt, erzählt:

„Neben meinem Job als Zeitungsausträger putze ich zweimal in der Woche für eine Reinigungsfirma Büros. Ab und zu helfe ich auch noch bei meinem Bruder in der Kneipe als Servicekraft aus. Manchmal wird mir das alles zu viel! Ich muss mich selbst um meine Krankenversicherung kümmern, da der Arbeitgeber bei Minijobs die Krankenversicherung nicht bezahlt. Außerdem weiß ich nicht, wovon ich leben soll, wenn ich alt bin. Am liebsten hätte ich einen vernünftig bezahlten Vollzeitjob."

Aufgaben

1 Manche von euch verdienen sich vielleicht neben der Schule etwas Geld dazu. Sind das Minijobs? Begründet.

2 Wie ist eure Meinung über Minijobs? Für wen und für welche Lebensphase sind sie geeignet? Worauf sollte man achten?

3 Herr Krück muss sich selbst um seine Krankenversicherung kümmern. Wenn Rentner einen Minijob ausüben oder wenn du einen Ferienjob annimmst, ist für die Krankenversicherung gesorgt. Begründe, warum.

Lohnunterschiede – gerecht oder nicht?

Gleicher Lohn für gleiche Arbeit! Eigentlich eine Selbstverständlichkeit – oder vielleicht doch nicht?

Du weißt bereits, dass verschiedene Faktoren die Höhe des Lohns beeinflussen. Es ist nachvollziehbar, dass eine Person mit einer abgeschlossenen Berufsausbildung mehr verdient als jemand, der nur angelernt wurde.

Trotzdem kann es sein, dass etwa zwei Kfz-Mechatroniker/-innen unterschiedliche Löhne erhalten. Das kann z.B. an ihrem Wohnort oder an ihrem Geschlecht liegen.

Lohnunterschiede in Ost und West

↗ **Lexikon**
Statistisches
Bundesamt

Daten des Statistischen Bundesamts aus dem Jahr 2017 zufolge verdient ein Arbeitnehmer im Osten durchschnittlich 23,5 % weniger als im Westen.

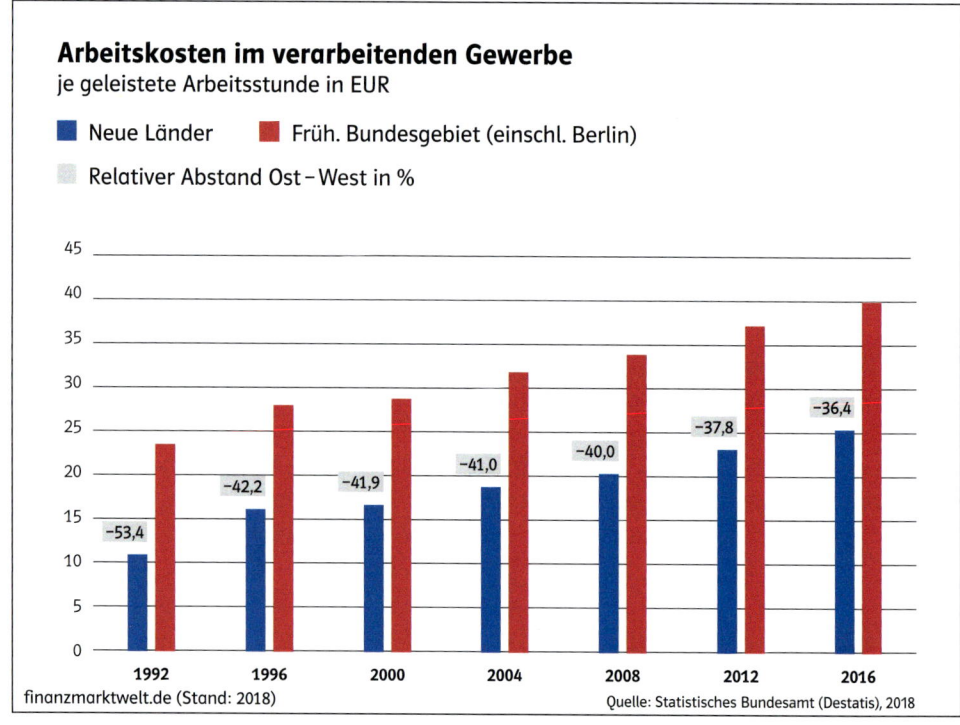

↗ **Lexikon**
Lebenshaltungskosten

↗ **Lexikon**
Ballungsräume

Dabei ist zu allerdings zu bedenken, dass im Osten die Lebenshaltungskosten deutlich niedriger als im Westen sind.

Auch in Bayern kann es einen großen Unterschied machen, ob man in einem Ballungsraum lebt und arbeitet oder auf dem Land.

Lohnunterschiede zwischen Männern und Frauen

Laut Statistischem Bundesamt verdienen Frauen in Deutschland durchschnittlich 22 % weniger als ihre männlichen Kollegen. Dieser große Lohnunterschied hat verschiedene Gründe. Bei der Berufswahl entscheiden sich junge Frauen häufiger als junge Männer für Berufe im sozialen oder im Dienstleistungsbereich. Diese Jobs werden fast immer schlechter bezahlt als beispielsweise solche in der Metall- oder Elektroindustrie. Frauen arbeiten häufiger in Teilzeit oder machen längere Kinderpausen. Sie arbeiten auch seltener in Führungspositionen. Wenn man Männer und Frauen mit ähnlicher Qualifikation und ähnlichem Job vergleicht, beträgt der Verdienstunterschied trotzdem noch 7 %.

↗ **Lexikon**
Elternzeit

Methode: Ein Diagramm, ein Schaubild oder eine Grafik auswerten

- **Sich orientieren:** Was genau wird dargestellt? Wie lautet die Überschrift? Wer hat das Schaubild erstellt? Aus welchem Jahr ist es?
- **Beschreiben:** Falls das Schaubild ein Diagramm ist, dann beschreibe, wofür die x-Achse und wofür die y-Achse steht. Welche Zahleneinheiten werden benutzt? Was bedeuten die Säulen? Sind alle Säulen gleich lang? Falls es sich um ein Schaubild mit verschiedenen grafischen Elementen handelt: In welcher Beziehung stehen sie zueinander? Falls verschiedene Farben verwendet werden: Wofür stehen diese?
- **Erklären und auswerten:** Welche Verhältnisse sind abgebildet? Welche Werte werden verglichen? Gibt es Gemeinsamkeiten oder Gegensätze? Fällt etwas besonders auf?
- **Schlussfolgern:** Welche Gesamtaussage kannst du treffen?

Aufgaben

1 Erkläre mit eigenen Worten, warum Menschen in Deutschland trotz gleicher Qualifikation und ähnlichem Job sehr unterschiedlich verdienen können.

2 Finde mit deiner Partnerin/deinem Partner Gründe, warum die Löhne in Ostdeutschland niedriger sind.

3 Betrachte das Schaubild auf S. 68 und werte es aus. Lies dazu den Methodenkasten auf S. 69.
↗ **Bezug** zum Fach Deutsch

4 Woran liegt es, dass Frauen deutlich weniger als Männer verdienen? Erkläre die Gründe, die auf S. 69 genannt werden, anhand konkreter Beispiele. Nenne weitere Ursachen.

5 Für Jungen:
Wie ist eure Meinung zur Lohnungerechtigkeit zwischen Männern und Frauen? Sprecht darüber, wie ihr euch eine Partnerschaft später vorstellt. Wärt ihr bereit, Elternzeit zu nehmen und die Kinder zu versorgen?

6 Für Mädchen:
Sprecht darüber, wie ihr euch euren beruflichen Werdegang vorstellt. Diskutiert über Möglichkeiten, später ähnlich viel wie eure Partnerin/euer Partner zu verdienen.

Ein Geschäft planen und organisieren

Die Klasse 8a der Mittelschule Neustadt möchte nach dem Erfolg ihres Smoothie-Verkaufs im vergangenen Schuljahr auch in der 8. Klasse wieder ein Geschäft organisieren. Dieses Mal wollen die Schülerinnen und Schüler sowie ihre Klassenlehrerin Frau Schalk noch stärker den Umweltschutzgedanken berücksichtigen.

Zunächst suchen die Schülerinnen und Schüler zusammen mit ihrer Klassenlehrerin Frau Schalk nach einer Geschäftsidee. Die Jugendlichen wissen, dass nur ein Teil des verbrauchten Papiers Recyclingpapier ist. Warum also nicht in der Schule Schulhefte aus recyceltem Papier anbieten? Um die Nachfrage für ihr Produkt zu erkunden, betreiben die Jugendlichen zuerst Marktforschung. Sie befragen mögliche Kunden (Lehrkräfte sowie Mitschülerinnen und Mitschüler anderer Klassen), ob sie Hefte aus Recyclingpapier kaufen würden. Viele an der Schule finden die Idee gut. Daher beschließt die Klasse 8a, zwischen den Weihnachts- und den Osterferien den Verkauf der Hefte zu organisieren.

↗ **Lexikon**
Marktforschung

Der Smoothie-Verkauf in Klasse 7 hat nur funktioniert, weil die Aufgaben an einzelne Gruppen verteilt wurden. Daher überlegt sich die Klasse jetzt gemeinsam mit Frau Schalk, was alles zu tun ist, damit ihr jetziges Vorhaben ein Erfolg wird:

- Recherchieren von Heftangeboten und -preisen bei verschiedenen Händlern.
- Festlegen der Verkaufspreise. Der selbst produzierte Smoothie war mit 50 % Gewinn kalkuliert. Bei den Heften ist ein Gewinn von 10 oder 15 % realistischer.
- Werbung für den Verkauf im Schulhaus. Auslegen einer Bestellliste für die Kunden mit Angaben zu Heftangeboten und -preisen.
- Aufstellen eines Briefkastens für die von den Kunden ausgefüllten Bestelllisten. Regelmäßige 14-tägige Leerung.
- Zusammenzählen aller Bestellungen nach der Leerung und Bestellen der richtigen Anzahl der verschiedenen Hefte beim Händler.
- Kontrolle der Händlerlieferung und der Rechnung auf Richtigkeit.
- Austeilen der Hefte in den Klassen und Abkassieren der Beträge in bar.
- Frau Schalk erklärt sich bereit, die Bezahlung der Händlerrechnung über ihr Girokonto abzuwickeln.
- Einige Schülerinnen und Schüler übernehmen die Buchhaltung. Sie dokumentieren alle zwei Wochen Einnahmen und Ausgaben. Nach dem Verkaufsende vor den Osterferien erstellen sie eine abschließende **Gewinn- und Verlustrechnung**.

> **Gewinn- und Verlustrechnung**
> Die Ausgaben eines Unternehmens nennt man auch Aufwendungen. Die Einnahmen heißen in der Wirtschaftssprache Erträge. Die Gewinn- und Verlustrechnung stellt alle Aufwendungen und Erträge eines bestimmten Zeitraums gegenüber. Ein Unternehmen hat immer das Ziel, Gewinn zu erwirtschaften.

Die Schülerinnen und Schüler werden in fünf Gruppen eingeteilt. Jede Gruppe ist für bestimmte, vorher festgelegte Aufgaben verantwortlich. Nach den Weihnachtsferien läuft das Projekt an. Erste Startschwierigkeiten werden in der Klasse besprochen und Lösungen diskutiert. Nach und nach funktionieren die Arbeitsabläufe immer besser. Kurz vor Ostern erstellt die Buchhaltungsgruppe die von allen mit Spannung erwartete Gewinn- und Verlustrechnung.

Gewinn- und Verlustrechnung			
Verkauf von Schulheften aus Recyclingpapier			
Ausgaben		**Einnahmen**	
75 Collegeblöcke A4; kariert mit Rand; Stück 1,60 €	75 x 1,60 € = 120,00 €	72 Collegeblöcke A4; kariert mit Rand; Stück 1,90 €	72 x 1,90 € = 136,80 €
45 Collegeblöcke A4; liniert mit Rand; Stück 1,60 €	45 x 1,60 € = 72,00 €	44 Collegeblöcke A4; liniert mit Rand; Stück 1,90 €	44 x 1,90 € = 83,60 €
60 Schulhefte A4; kariert mit Rand; Stück 0,70 €	60 x 0,70 € = 42,00 €	57 Schulhefte A4; kariert mit Rand; Stück 0,85 €	57 x 0,85 € = 48,45 €
55 Schulhefte A4; liniert mit Rand; Stück 0,70 €	55 x 0,70 € = 38,50 €	53 Schulhefte A4; liniert mit Rand; Stück 0,85 €	53 x 0,85 € = 45,05 €
35 Schulhefte A5; kariert; Stück 0,55 €	35 x 0,55 € = 19,25 €	35 Schulhefte A5; kariert; Stück 0,65 €	31 x 0,65 € = 20,15 €
20 Vokabelhefte; Stück 1,10 €	20 x 1,10 € = 22,00 €	20 Vokabelhefte; Stück 1,25 €	20 x 1,25 € = 25,00 €
Gesamt:	313,75 €	*Gesamt:*	359,05 €
Einnahmen – Ausgaben: 359,05 € – 313,75 € =			
Gewinn: 45,30 €			

Die Klasse 8a ist mit dem erzielten Gewinn zufrieden. Zusammen mit der Klassenlehrerin Frau Schalk reflektieren die Schülerinnen und Schüler noch einmal den Projektablauf.

Aufgaben

1 Erinnere dich an die 7. Klasse und erkläre die Begriffe „Umsatz", „Gewinn" und „Verlust".

2 Vervollständige die Sätze in deinem Heft:
1. Wenn die Erträge höher als die Aufwendungen sind, macht das Unternehmen ////////////.
2. Wenn die Erträge niedriger als die Aufwendungen sind, ////////////.

3 Betrachtet die Gewinn- und Verlustrechnung der Klasse 8a genau. Sie enthält verschiedene Informationen. Besprich dich mit deiner Partnerin/deinem Partner.

4 Begründe, weshalb die Anzahl der verkauften Hefte meist etwas geringer ist als die Anzahl der beim Händler bestellten Hefte.

5 Welches umweltfreundliche Produkt oder welche Dienstleistung, die dem Umweltschutzgedanken Rechnung trägt, könnt ihr an eurer Schule anbieten? Sammelt Ideen und erforscht den Markt an eurer Schule.

Wir planen selbstständig ein Geschäft

Szenario

In diesem Jahr wollt ihr an eurer Schule ein umweltfreundliches Produkt oder eine Dienstleistung, die dem Umweltschutzgedanken Rechnung trägt, anbieten. Welche umweltfreundliche Ware oder welches nachhaltige Serviceangebot könnte man an eurer Schule oder in eurem schulischen Umfeld gut brauchen? Aufgrund eurer Kenntnisse und Erfahrungen seid ihr in der Lage, dieses Geschäft möglichst selbstständig zu planen und durchzuführen. Am Ende erstellt ihr eine Gewinn- und Verlustrechnung.

Initiative

1. Sammelt Ideen, welche umweltfreundlichen Produkte und Dienstleistungen ihr an eurer Schule über einen längeren Zeitraum anbieten könnt.
2. Betreibt Marktforschung, indem ihr sowohl Lehrkräfte als auch Schülerinnen und Schüler befragt. Entscheidet euch dann für eine Geschäftsidee.

Planung

3. Überlegt zusammen mit eurer Lehrkraft, welche Aufgaben bei eurem Projekt zu erledigen sind. Teilt die Aufgaben auf verschiedene Gruppen auf. Jede Schülerin und jeder Schüler entscheidet sich, in welcher Gruppe er oder sie arbeiten möchte. Wenn ihr es nicht schafft, alle Gruppen ausgeglichen zu besetzen, bittet eure Lehrkraft um Hilfe.
4. Findet heraus, welche Kosten auf euch zukommen. Eventuell braucht ihr ein Startkapital. Aus der 7. Klasse wisst ihr noch, welche Möglichkeiten es gibt, um das Geld für die Einkäufe bereitzustellen.
5. Sprecht in der Klasse darüber, wie ihr den Gewinn verwenden möchtet. Diskutiert auch darüber, wie ihr mit einem möglichen Verlust umgeht.

Durchführung/ Präsentation

6. Nun beginnt der Zeitraum, in dem ihr euer Produkt oder eure Dienstleistung auf dem Markt anbietet. Dazu müsst ihr einen attraktiven Preis kalkulieren. Selbstverständlich solltet ihr euer Projekt auch bewerben.
7. Es ist wichtig, dass die einzelnen Gruppen zuverlässig arbeiten. Nur wenn jedes Gruppenmitglied gewissenhaft seine Aufgaben erfüllt, kann das Geschäft erfolgreich sein.
8. Trefft euch regelmäßig im Plenum und sprecht über den Verlauf des Projekts. Sucht bei Schwierigkeiten nach Lösungen. Eure Lehrkraft hilft euch sicherlich dabei.
9. Die Buchhaltungsgruppe muss die Einnahmen und Ausgaben unbedingt regelmäßig dokumentieren.

Reflexion

10. Am Ende eures Projekts erstellt ihr eine Gewinn- und Verlustrechnung. Wie das geht, könnt ihr auf S. 71 nachlesen. Hoffentlich habt ihr Gewinn gemacht!
11. Abschließend diskutiert ihr über eure Arbeit während des Projekts. Wo seht ihr eure Stärken? In welchen Bereichen habt ihr noch Schwächen? Bezieht eure Lehrkraft mit ein.

Das weiß ich jetzt:

Es gibt verschiedene Wirtschaftssektoren: Urproduktion, Handwerk, Industrie und den Dienstleistungssektor.

In einem Betrieb gibt es wichtige Grundfunktionen. Drei dieser betrieblichen Grundfunktionen sind Beschaffung, Produktion und Absatz.

Der einfache Wirtschaftskreislauf erklärt, wie die Unternehmen und die privaten Haushalte voneinander abhängen.

Verschiedene Faktoren beeinflussen die Höhe des Lohns. Zudem gibt es die Lohnformen „Zeitlohn" und „Leistungslohn".

Tariflöhne werden zwischen den Gewerkschaften und den Arbeitgebern ausgehandelt.

Vom Bruttolohn werden Steuern und Sozialabgaben abgezogen. Dann erhält man den Nettolohn.

In Deutschland gibt es seit 2015 einen Mindestlohn.

Das kann ich jetzt:

1 eine Betriebserkundung planen, durchführen und auswerten.

2 bei der Betriebserkundung einen Erkundungsschwerpunkt wählen, z. B. Beschaffung, Produktion oder Absatz. Auch andere Erkundungsschwerpunkte sind mir bekannt.

3 erkennen, wie ich selbst am Wirtschaftskreislauf teilnehme.

4 erklären, welche Punkte in einer Lohnabrechnung auftauchen, und verstehen, wie der Nettolohn zustande kommt.

5 ein Geschäft planen und organisieren mit dem Ziel, Gewinn zu erwirtschaften.

6 eine einfache Gewinn- und Verlustrechnung erstellen.

3 Recht

Das Betriebspraktikum

↗ **Lexikon**
Sozialgefüge

Betriebspraktikum – wozu?
- Es hilft dir bei der Berufsfindung.
- Es bietet dir die Gelegenheit zu ersten Erfahrungen in der Arbeitswelt.
- Es ermöglicht dir ein realistisches Bild über die Arbeitsabläufe in einem Betrieb.
- Es veranschaulicht dir das Sozialgefüge eines Unternehmens.

Das **Jugendarbeitsschutzgesetz** (JArbSchG) schützt die Gesundheit und die Arbeitsfähigkeit von Jugendlichen unter 18 Jahren, die als Arbeitnehmerinnen und Arbeitnehmer, als Auszubildende oder in einem ausbildungsähnlichen Verhältnis beschäftigt sind. Jeder Arbeitsvertrag ist an das JArbSchG gebunden. Er darf die Vorgaben des JArbSchG weder umgehen noch verändern.

Das Betriebspraktikum und die Regelungen des JArbSchG

Was ist geregelt?	Wie ist es geregelt?	Wo ist es geregelt?
Arbeitszeiten	*Kinder (bis 14 Jahre):* höchstens sieben Stunden täglich, 35 Stunden wöchentlich.	§ 7 JArbSchG
	Jugendliche (15 bis 17 Jahre): nicht mehr als acht Stunden täglich, nicht mehr als 40 Stunden wöchentlich.	§ 8 Abs. 1 …
	Nachtruhe: 20 bis 6 Uhr; Ausnahmen sind möglich.	
	Beschäftigungsdauer: fünf Tage in der Woche.	
	Beschäftigungsverbot: an Samstagen, Sonntagen und an Feiertagen; es gibt branchenbezogene Ausnahmen.	
	Werden die Praktikanten ausnahmsweise an solchen Tagen beschäftigt, so müssen sie *an einem anderen Tag in derselben Woche freigestellt* werden.	

↗ **Methode**
Recherche/Internet-recherche, S. 116, 119

↗ **Methode**
Mindmap, S. 117

Aufgaben

1 In der 7. Klasse hast du schon einiges zum
○ Betriebspraktikum erfahren. Erstelle dazu eine Mindmap.
Notiere, was dir noch dazu einfällt. Mit der Auftaktseite kannst du dich überprüfen.

2 Recherchiert die passenden Paragrafen im
● JArbSchG und ordnet sie den Arbeitszeitenregelungen zu.

3 Begründe, warum der Gesetzgeber diese Rege-
● lungen erlassen hat.
M

Was ist geregelt?	Wie ist es geregelt?	Wo ist es geregelt?
Ruhepausen	Ruhepausen sind nicht in die Arbeitszeit einzuberechnen, müssen im Voraus feststehen und mindestens 15 Minuten betragen. Es müssen gewährt werden: • 30 Minuten Pause bei einer Arbeitszeit von mehr als viereinhalb bis zu sechs Stunden. • mindestens 60 Minuten Pause bei einer Arbeitszeit von mehr als sechs Stunden. • Die erste Pause muss nach spätestens viereinhalb Stunden Arbeit stattfinden.	
Urlaub	Das Betriebspraktikum begründet kein Arbeits- oder Ausbildungsverhältnis. Daher hast du keinen Anspruch auf Urlaub.	
Versicherungsschutz	• Haftpflichtversicherung: schließt der Schulträger ab. • Unfallversicherung: Unfälle, die während des Praktikums oder auf dem Weg zwischen Praktikumsstelle und Wohnung stattfinden, werden durch die Unfallversicherung der Schule abgedeckt.	

↗ **Lexikon**
Arbeitsverhältnis, Ausbildungsverhältnis

↗ **Methode**
Recherche/Internetrecherche, S. 116, 119

↗ **Methode** Eine Tabelle anlegen, S. 122

Aufgaben

1 Recherchiert die passenden Paragrafen im JArbSchG und ordnet sie den Ruhezeitregelungen zu.

2 Erstellt eine Liste mit Gründen, die für ein Betriebspraktikum sprechen. Gestaltet dazu eine Präsentation mit dem Ziel, eure Mitschülerinnen und Mitschüler zur Absolvierung eines Praktikums zu bewegen.

3 Erstellt eine Tabelle ähnlich der oben abgebildeten. In der einen Spalte listet ihr die Regelungen des JArbSchG zum Betriebspraktikum auf, in der anderen diejenigen zum Ferienjob. Verwendet dazu die Informationen aus dem Schulbuch.

4 Recherchiert im Internet weitere Regelungen und ergänzt die Tabelle.

Vorsicht ist besser als Nachsicht

Neben dem bestehenden Versicherungsschutz gibt es für jeden Arbeitsbereich spezielle Unfallverhütungsvorschriften (UVV), die zu beachten sind. Die folgenden Regeln helfen dir, dich im Betrieb richtig zu verhalten und Unfällen vorzubeugen.

↗ **Lexikon**
Hygiene, hygienisch

Trage zweckmäßige Kleidung! Erkundige dich, welche Arbeitskleidung erforderlich ist (z.B. Sicherheitskleidung). Wenn du an Maschinen arbeitest, muss deine Kleidung eng anliegend sein.	**Vorsicht bei Schmuckstücken!** Uhren, Ringe, Piercings etc. dürfen manchmal aus hygienischen Gründen nicht getragen werden, oder wenn sie zur Gefahr werden.	**Lange Haare können eine Gefahr sein!** Sichere lange Haare durch Kappen, Bänder oder Knoten. Besonders bei der Arbeit an Maschinen oder mit Werkzeugen musst du dies berücksichtigen.	**Achte auf Hinweis- und Warnschilder!** Wenn du ein Schild nicht kennst, frage nach seiner Bedeutung.

Informiere dich über die jeweiligen betrieblichen Unfallverhütungsvorschriften!	**Setze nie Maschinen ohne Erlaubnis, Anleitung und Aufsicht in Gang!** Das gilt auch für Maschinen, die du kennst.	**Entferne keine Schutzvorrichtungen an Maschinen!** Aus Sicherheitsgründen sind sie absolut notwendig.	**Befolge die Anweisungen der Sicherheitsfachkräfte!** Ausbilder, Betreuer und erfahrene Kollegen sind hier die Experten.

↗ **Methode**
Recherche/Internetrecherche, S. 116, 119

↗ **Methode** Ein Plakat gestalten, S. 119

Aufgaben

1 Diskutiert und bewertet den Sinn der obigen Sicherheitshinweise.
   a. Findet zu den einzelnen Hinweisen Berufe, die dazu passen.
   b. Notiert weitere Sicherheitshinweise.

2 a. Gestaltet zu den einzelnen Sicherheitshinweisen übersichtliche Plakate.

   b. Lest euch die Methode „Eine Bildschirmpräsentation erstellen" auf S. 111 durch: Erstellt zu jedem Sicherheitshinweis eine übersichtliche Bildschirmpräsentation. → **Methode** Eine Bildschirmpräsentation erstellen, S. 111

3 Wichtige branchen- und betriebstypische Besonderheiten sind zu beachten, z.B. spezielle Hygienevorschriften. Recherchiert solche Bestimmungen, sammelt sie in einem Textdokument und beurteilt deren Zweck.

Da weder du noch die Angestellten im Unternehmen sich verletzen sollen, erkundigst du dich gleich zu Beginn deines Praktikums nach den Sicherheitsbestimmungen. Sicherheitszeichen dienen der Sicherheit in einem Betrieb. Präge dir folgende Zeichen gut ein und merke dir ihre Bedeutung.

Verbotsschilder	Warnschilder	Gebotsschilder	Hinweisschilder, Rettungsschilder	Brandschutzschilder
Rauchen verboten	Warnung: ätzende Stoffe	Augen-schutz tragen	„Erste Hilfe"	Feuer-löscher
Zutritt verboten	Warnung: feuer-gefährliche Stoffe	Schutzhelm aufsetzen	Rettungs-weg, Fluchtweg	Lösch-schlauch
Feuer, offenes Licht oder Rauchen verboten	Warnung: Fahrzeuge auf Flur	Gehör-schutz tragen	Notruf-telefon	Feuerleiter
Verbot, mit Wasser zu löschen	Warnung: giftige Stoffe	Schutz-hand-schuhe tragen	Automa-tisierter Externer Defibrilla-tor (AED)	Brand-melder
		Schutz-schuhe tragen		

Sicherheit ist das oberste Gebot in einem Unternehmen.
Frage zu Beginn des Betriebspraktikums bei den Verantwortlichen, welche Bestimmungen gelten.

Aufgaben

1 Begründe, warum es in Unternehmen wichtig ist, Sicherheitsschilder sichtbar aufzuhängen.

2 Recherchiert weitere Sicherheitszeichen im Internet, in Fachkatalogen etc. Erstellt dazu eine Plakatpräsentation.

3 Gibt es auch bei euch in der Schule Sicher-heitszeichen? Erkundet, in welchen Räumen sie angebracht sind und was sie bedeuten.

Wie entscheidet ihr?

Fall 1:

Ayse, 17 Jahre alt, macht ein zweiwöchiges Praktikum in einer Großküche. Sie arbeitet von Montag bis Freitag von 7 bis 15 Uhr. Die Chefköchin ist sehr zufrieden mit ihr und bittet sie, an den Vorbereitungen für die große Gesellschaft am Wochenende teilzunehmen. Das bedeutet, dass Ayse nach ihrer regulären Arbeitszeit länger bleibt und bis 21 Uhr mithilft. Am nächsten Morgen, einem Samstag, soll sie wie immer um 7 Uhr zur Arbeit erscheinen.

Fall 2:

Julia, 14 Jahre, möchte ein Praktikum in einem Atomkraftwerk machen. Dort müsste sie täglich vier Stunden lang in einem strahlungsgefährdeten Bezirk arbeiten. Ihre Lehrerin hat Bedenken und verweist auf das Jugendarbeitsschutzgesetz.

Fall 3:

Jonathans Praktikumswunsch ist eine Bäckerei, in der er um vier Uhr morgens mit der Arbeit beginnen soll.

Fall 4:

Kevin, 13 Jahre, macht ein zweiwöchiges Praktikum im Supermarkt. Häufig muss er ohne Hilfe schwere Kisten schleppen, weil der Gabelstapler defekt ist. Da er auf einen Ausbildungsvertrag hofft, beschwert er sich nicht darüber, dass er jede Woche an sechs Tagen arbeiten soll und meist keine geregelte Mittagspause machen darf.

Fall 5:

Lukas, 13 Jahre, macht ein Praktikum in einer Metzgerei. Obwohl der Betrieb am Samstag eigentlich geschlossen ist, wird er gebeten, mit dem Auszubildenden den Kühlraum aufzuräumen. Lukas und der Auszubildende verbringen am Samstag drei Stunden im Kühlraum ohne Schutzkleidung, weil der Schrank mit der Schutzkleidung verschlossen ist.

Fall 6:
Alina, 13 Jahre, macht ihr Praktikum in einem Seniorenheim. Die Praktikumsbetreuerin hat sie gleich in den Dienstplan eingesetzt, damit sie ausreichend Erfahrungen sammeln kann. Regina arbeitet nun täglich 8,5 Stunden. Sie hat drei Pausen mit je 20 Minuten Länge. Zum Glück muss sie immer nur fünf Tage pro Woche arbeiten. Sie ärgert sich jedoch darüber, dass sie schon zum zweiten Mal für den Samstag eingeteilt worden ist.

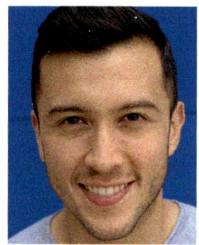

Fall 7:
Can, 18 Jahre, beginnt eine Ausbildung in einem kaufmännischen Unternehmen. Ende Januar werden zwei Kollegen krank und Can wird verpflichtet, im Februar dreimal in der Woche 120 Minuten länger zu arbeiten.

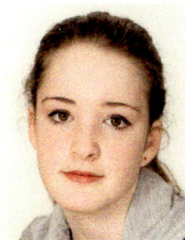

Fall 8:
Mira, 13 Jahre alt, macht ihr zweiwöchiges Praktikum in einer Schreinerei. Sie muss mit dem Auszubildenden bis zu 50 kg schwere Holzbalken aus dem Lager zur Kreissäge tragen. Außerdem soll sie in der benachbarten Zimmerei beim Bau eines Dachstuhles helfen.

Fall 9:
Ludwig, 13 Jahre alt, wird während des Praktikums in einem Elektrobetrieb auf eine Baustelle geschickt. Dort soll er helfen, Steckdosen anschließen. Da der Auszubildende Torsten kurzfristig für eine andere Tätigkeit benötigt wird, soll Ludwig alleine weitermachen. Zudem werden die Pausen vom Chef gestrichen, weil derzeit einige Arbeitskräfte fehlen.

→ **Methode**
Fallbeispiele
auswerten, S. 114;
Mindmap, S. 117;
Recherche, S. 119

Aufgaben

1 Formuliert gemeinsam passende Fragen zu den einzelnen Fällen. Bezieht euch dabei immer auf das JArbSchG.
Stellt eure Ergebnisse in der Klasse vor und diskutiert diese.

2   Löst die Fälle mithilfe des JArbSchG. Begründet eure Lösung.

3 Formuliert weitere Fallbeispiele und sammelt
M diese in einer Kartei, z. B. in einem Ordner.

Betriebspraktikum

Szenario

Du führst in diesem Schuljahr ein Betriebspraktikum durch und erprobst dort unter Anleitung verschiedene Tätigkeiten in deinem Wunschberuf. Damit auch deine Mitschülerinnen und Mitschüler einen Eindruck bekommen, ist es deine Aufgabe, mit dem Smartphone/Tablet ein animiertes Video mit deinen Erfahrungen und Beobachtungen zu erstellen.

Das ist eine Videoanimation

Bei einer Videoanimation kombinierst du mithilfe eines geeigneten Computerprogramms Videoclips, Fotos, Audioaufnahmen, Musik und Symbole so miteinander, dass am Ende ein animiertes Video über dein Betriebspraktikum entsteht.

So gehst du vor

Planung

1. Mache während deines Praktikums Fotos und/oder Videos (mit Handy/Tablet/ Kamera …) von deinem Betrieb und von deinen Tätigkeiten.

Durchführung

2. Sprich in eine Aufnahme-App:
   a) wichtige Informationen zu deinem Betrieb: Arbeitsfelder, Mitarbeiteranzahl etc.,
   b) Erklärungen zu deinen Tätigkeiten und
   c) ein Fazit, wie dir das Praktikum gefallen hat.
3. Öffne ein Programm, mit dem man Videoanimationen erstellen kann. Füge dort alle Dateien in der passenden Reihenfolge zusammen.
4. Setze je nach Belieben Textbausteine als Erklärungen, Überschriften oder Gliederungspunkte darauf oder hinterlege passende Musik zu deinem Video. Hier sind deiner Kreativität keine Grenzen gesetzt.
5. Schau dir dein animiertes Video nochmals an. Überprüfe, ob alle Informationen richtig, vollständig und auch für deine Mitschülerinnen und Mitschüler sowie für deine Lehrkräfte verständlich sind. Ändere dein Video gegebenenfalls.

Präsentation/ Reflexion

6. Speichere das animierte Video mit einem passenden Namen auf einem digitalen Endgerät. Bringe es mit in die Schule und präsentiere es deinen Mitschülerinnen und Mitschülern sowie deinen Lehrkräften.

Das weiß ich jetzt:

Ein Betriebspraktikum ist eine Hilfestellung bei der Berufsfindung. Es bietet die Möglichkeit, erste Erfahrungen in der Arbeitswelt zu machen.

Ein Betriebspraktikum wird in der Regel nicht vergütet.

Das JArbSchG regelt die Arbeitszeiten und Pausen während des Betriebspraktikums.

Während des Betriebspraktikums besteht kein Anspruch auf Urlaub.

Während des Betriebspraktikums ist Versicherungsschutz gegeben.

Das kann ich jetzt:

1 mit unterschiedlichsten Quellen bzw. Informationsträgern recherchieren.

2 sicher mit Gesetzestexten, besonders dem JArbSchG, umgehen.

3 Interviews und Befragungen im Rahmen der Recherche durchführen.

4 Regeln anwenden, um in einem Unternehmen Unfälle zu vermeiden.

5 Sicherheitsschilder erkennen und interpretieren.

4 Technik

INDUSTRIELLE REVOLUTION

INDUSTRIE 1.0 → INDUSTRIE 2.0 → INDUSTRIE 3.0 → INDUSTRIE 4.0
Mechanisierung   Elektrifizierung   Automatisierung   Informatisierung

Rund um die Produktion im Betrieb

Im Kapitel Wirtschaft hast du bereits die drei **Funktionsbereiche** jedes Betriebs kennengelernt:

```
        ┌─────────────────────────────────┐
        │      Unternehmensleitung        │
        └─────────────────────────────────┘
                        │
      ┌─────────────────┼─────────────────┐
      ▼                 ▼                 ▼
┌───────────┐     ┌───────────┐     ┌───────────┐
│ Beschaffung│    │ Produktion │    │  Absatz   │
└───────────┘     └───────────┘     └───────────┘
```

Betriebe sind in den Bereichen „Urproduktion", „Handwerk/Industrie" und „Dienstleistung" tätig. Diese Bereiche nennt man **Wirtschaftssektoren**. Es gibt den **primären**, den **sekundären** und den **tertiären Sektor**.

Tertiärer Sektor
tertiär = „an dritter Stelle"; drittrangig bzw. nachträglich hinzukommend

Sekundärer Sektor
sekundär = „an zweiter Stelle"; zweitrangig bzw. nachträglich hinzukommend

Primärer Sektor
primär = „an erster Stelle"; grundlegend, wesentlich

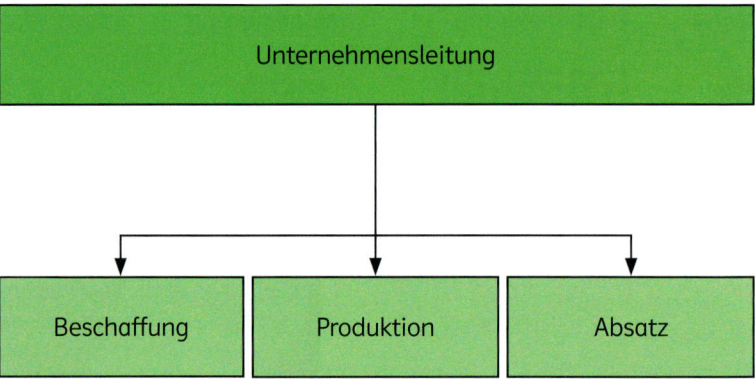

Tertiärer Sektor
z. B. Bildung, Handel, Verkehr

Sekundärer Sektor
z. B. Industrie, Handwerk

Primärer Sektor
z. B. Forstwirtschaft, Landwirtschaft

In der **Urproduktion** werden Ressourcen direkt aus der Natur gewonnen, z. B. Eisenerz. Zur Urproduktion gehören auch der Anbau und die Ernte in landwirtschaftlichen Betrieben.
Du kennst sicherlich noch weitere Beispiele der Urproduktion. Wenn du nicht mehr sicher bist, lies dir den Merkkasten auf S. 39 nochmals durch.

Diese Rohstoffe müssen in **Industrie und Handwerk weiterverarbeitet** werden, um sie für den Menschen nutzbar zu machen. Eisenerz etwa wird zu Stahl und dann z. B. zu Werkzeugen weiterverarbeitet.
Es gibt eine Vielzahl weiterer Rohstoffe, die für uns wichtig sind. Welche fallen dir ein? Im Kapitel Wirtschaft wirst du fündig.

> **Wichtige Fachbegriffe:**
> Erinnerst du dich noch: Arbeitsort, Arbeitsmittel, Arbeitsbedingungen, Arbeitsprozess, Herstellungsprozess, Produktionsmittel?

Die produzierten Sachgüter werden verwendet, z. B. von **Dienstleistungsunternehmen** wie etwa Kfz-Werkstätten. Der Dienstleistungsbereich wächst. Welche Bereiche haben hier deiner Meinung nach einen besonders großen Zuwachs zu verzeichnen?

Aufgaben

1
a. Erkläre mithilfe der oberen Grafik auf S. 86 den Ablauf in Betrieben. Nenne jeweils Beispiele.
b. Auf S. 86 sind die Wirtschaftssektoren als Pyramide dargestellt. Erkläre diese Darstellung. Belege deine Erklärung mit Beispielen.

2 Erstelle ein Lernplakat, z. B. im DIN-A4-Format, auf dem du die Fachbegriffe des Kastens auf dieser Seite in Stichpunkten erklärst. Finde jeweils ein Beispiel. Stellt euch gegenseitig eure Lernplakate vor.

3
a. Erstelle einen Beobachtungsbogen zu technischen Verfahren und Mitteln (Produktion) für eine Betriebserkundung oder dein Betriebspraktikum.
b. Formuliert ein Interview mit Fragen zu technischen Verfahren und Mitteln im Betrieb für eine Betriebserkundung oder dein Betriebspraktikum.

4 Erkläre den Unterschied zwischen Recycling und Produktion. Finde Beispiele für gelungenes Recycling.
M

Arbeitsplatzbedingungen bei Technikeinsatz

Weißt du noch?

Arbeitsplatzbedingungen genauer betrachtet:
- Wie funktioniert der Arbeitsprozess? Wie sind die Arbeitsplätze gestaltet?
- Wie/was arbeiten die Menschen/Maschinen im Betrieb?
- Welche Atmosphäre herrscht im Betrieb?
- Wie läuft der Herstellungsprozess ab? Welche technischen Verfahren/Mittel kommen zum Einsatz?
- Wie werden die Produkte „behandelt"/hergestellt?

Fast kein Arbeitsplatz in der Produktion kommt ohne den Einsatz von Technik aus. Nahezu alle Produktionsverfahren verlassen sich auf Technik.

Unterschiedliche Produktionsverfahren – unterschiedliche Arbeitsbedingungen
Aus dem Technikunterricht kennt ihr bereits das Produktionsverfahren der Einzelfertigung. Dieses Verfahren wenden etwa metallverarbeitende Betriebe an, die spezielle Brandschutztüren herstellen.
Wenn Maschinen für die Verrichtung von gleichartigen Arbeiten in einem Raum zusammengefasst sind, nennt man dies **Werkstattfertigung**. Hier werden die Werkstoffe zu den Maschinen transportiert. Wenn die Maschinen, die Arbeitskräfte und die Werkstoffe an einen anderen Fertigungsort (Baustelle) gebracht werden, spricht man von **Baustellenfertigung**.
Im Unterricht habt ihr bereits über die **Fließ- und/oder Reihenfertigung** gesprochen. Dieses Produktionsverfahren wendet z.B. die Autoindustrie an, um hohe Stückzahlen eines Produktes zu fertigen (Massenproduktion). Diese Fertigungsart ermöglicht schnelle und effektive Arbeitsprozesse.

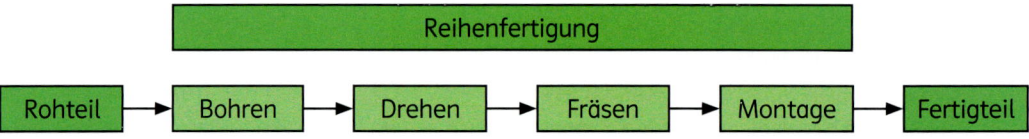

Technikeinsatz: Licht …

Der Technikeinsatz bietet große Vorteile. Er erleichtert schwere körperliche Arbeiten. Die digitale Technik steuert und regelt Arbeitsprozesse, z. B. beim CNC-Fräsen oder beim Einsatz von Fabrikrobotern. Bei der Herstellung lässt sich eine hohe **Präzision** erreichen. Die Massenproduktion macht die Produkte für uns als Konsumenten günstiger.

> **Präzision**
> Genauigkeit,
> Exaktheit

… und Schatten

Eine Ertragssteigerung und weniger sowie leichtere körperliche Arbeit sind angenehme Folgen des Einsatzes von Technik. Andererseits jedoch leidet die Umwelt durch die technisierte Produktion in Betrieben.

Einerseits verbessert sich die körperliche Gesundheit der Mitarbeiter mit dem Einsatz von Technik am Arbeitsplatz. Andererseits treten in der modernen Arbeitswelt vor allem durch Stress mehr und mehr psychische Probleme auf.

Je komplizierter Technik wird, desto mehr Know-how ist erforderlich. Manche Mitarbeiter fühlen sich durch den ständigen Weiterbildungsdruck überfordert. Oder sie fühlen sich nicht in Entscheidungsprozesse eingebunden, da höhere Stellen im Betrieb über die Verwendung teurer Technik entscheiden. Häufig herrscht großer Zeitdruck. Auch die Angst vor dem Verlust des Arbeitsplatzes durch den Einsatz von Maschinen kann psychische Probleme verursachen.

Aufgaben

1 Definiere die folgenden Begriffe zum Thema „Arbeitsplatzbedingungen" mit eigenen Worten: Arbeitsgeräte, Arbeitszeit, Arbeitsmittel, Entlohnung, Betriebsklima.

2 Untersuche anhand der Fragen auf S. 88 einen Arbeitsplatz, der dir aus deinem Praktikum bekannt ist.

3 a. Erstelle eine Mindmap zum Technikeinsatz an Arbeitsplätzen.
b. Plant und entwerft eine Tabelle über die Vor- und Nachteile von Technikeinsatz bei der Produktion.

4 Recherchiert Produktionsverfahren. Erstellt eine Tabelle mit den jeweiligen Verfahren und nennt Beispiele dazu.

Sicherheit und Gesundheit am Arbeitsplatz

↗ **Lexikon**
Arbeiter, Angestellter

Der zunehmende Technikeinsatz an betrieblichen Arbeitsplätzen erfordert einen angemessenen Schutz der Beschäftigten. Denn Technik kann gefährlich und gesundheitsgefährdend sein.

Der sichere Umgang mit Technik und die Gesunderhaltung des Personals sind dem Staat, den Arbeitgebern und selbstverständlich auch den Arbeitern und Angestellten sehr wichtig. Daher gibt es verschiedene rechtliche Bestimmungen zur Sicherheit am Arbeitsplatz. Im Kapitel Recht hast du bereits die Unfallverhütungsvorschriften (UVV) und das Arbeitsschutzgesetz (ArbSchG) kennengelernt. Auch an deiner Schule gibt es Maßnahmen zum Schutz der Schülerinnen und Schüler bzw. des Personals, z. B. Brandschutztüren oder Übungen zum Feueralarm.

Selbstverständlich müssen alle, die ein Praktikum absolvieren oder arbeiten, gegen Schäden versichert sein.

Arbeitsschutz bzw. Arbeitnehmerschutz
alle Bemühungen des Gesetzgebers und der Arbeitgeber, das Personal vor **Gesundheitsgefährdungen zu schützen und Arbeitsunfälle zu vermeiden**, z. B. durch Absauganlagen in einer Lackiererei.

Arbeitssicherheit
alle Bemühungen um Gefahrenfreiheit am Arbeitsplatz. Dies beinhaltet alle Maßnahmen, um einen **Unfall im Vorfeld zu verhindern.** Beispiele sind Gefahren abwehrende Arbeitskleidung wie Helme sowie alle Maßnahmen der Unfallprävention, etwa Schulungen zur Sicherheit und Feueralarmübungen.

Prävention:
vorbeugende Maßnahmen

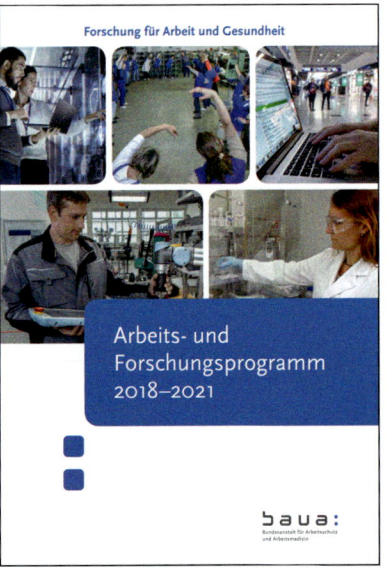

Um modernen Arbeitsschutz und Arbeitssicherheit vor dem Hintergrund des rasanten Technikwandels zu fördern, gibt es in Deutschland die Bundesanstalt für Arbeitsschutz und Arbeitsmedizin (BAuA). Ihre Aufgabe ist die Erforschung, wie Arbeitsplätze sicherer und gesünder (Arbeitsmedizin) gestaltet werden können. In der Schule und in Unternehmen sind die „Kommunale Unfallversicherung Bayern" und die „Bayerische Landesunfallkasse" für Prävention und Sicherheit am (Schul-)Arbeitsplatz zuständig. Sie geben wichtige Hinweise zur Einrichtung z. B. von Turnhallen, Werkräumen und Schulküchen. Sie sind Ansprechpartner, wenn es einmal zu einem Unfall kommt.

Ergonomie

Nicht nur Arbeitsschutz und Arbeitssicherheit spielen für die Gesunderhaltung der Mitarbeiter eine Rolle. Auch die Ergonomie von Arbeitsplätzen und Arbeitsprozessen ist wichtig.

Unter Ergonomie versteht man eine auf den Menschen hin gestaltete Arbeitsumgebung, sodass die arbeitende Person möglichst gesundheitsschonend ihre Arbeit verrichten kann.

Ergonomische Arbeitsplätze und Arbeitsmittel sind so angeordnet, dass Arbeitsabläufe an den Menschen angepasst sind und ohne zusätzliche körperliche Belastung (z.B. Bücken) erfolgen. Die körperliche Entlastung bewirkt eine Steigerung der Produktion. Der Beschäftigte arbeitet effektiver.

Im engeren Sinne wird der Begriff „Ergonomie" oft im Zusammenhang mit automatisierten Arbeitsplätzen (technisch ausgerüsteten Arbeitsplätzen) verwendet. Darüber hinausgehend lässt sich im allgemeinen Sprachgebrauch jedes angenehm nutzbare Produkt als „ergonomisch" bezeichnen, z.B. „ergonomische Griffe" an Wäschekörben oder „ergonomisch designte" Stühle in Büros, die langes Sitzen erleichtern. Auch im Schulalltag wird auf Ergonomie und Sicherheit geachtet. Bereits wenn du das Schulgebäude betrittst, begegnen dir viele sicherheitstechnische und ergonomische (Bau-) Maßnahmen wie z. B. die Beläge von Fußböden.

Aufgaben

1 ○ Beschreibe den Unterschied zwischen Arbeitsschutz und Arbeitssicherheit.

2 ◒ ⚇ Findet Beispiele für Arbeitsschutz und Arbeitssicherheit in Betrieben. Erläutert den Nutzen dieser Sicherheitsmaßnahmen. Befragt Arbeitnehmer zu diesem Thema, z.B. eure Eltern oder Personen aus dem Betriebspraktikum und der Betriebserkundung.

3 ◒ Erkläre den Begriff „Ergonomie". Zähle Anwendungen aus deinem Umfeld und aus der Produktion auf.

4 ● M ⚇ Nennt Beispiele zum Thema „Technik im Betrieb". Erörtert die Wirkung der Technik auf die arbeitenden Menschen (Vor- und Nachteile). Recherchiert dazu Anregungen, z.B. auf der Website der „BAuA".

Handwerk: traditionell oder digital?

Die bayerische Breze – Handwerk und Tradition?

In Bayern ist kaum eine Backware beliebter als die Breze. Die Herstellung – das Teigkneten und vor allem das Brezenschlingen – ist anstrengend und zeitaufwendig. Auszubildende benötigen Geduld und viel handwerkliches Geschick, bis sie die Technik beherrschen, in hohem Tempo Brezen zu formen.

Brezenschlingen nennt man die Fertigkeit, Teigrollen zu einer Breze zu schlingen, also umzuformen.

Jahrelang suchten Ingenieure und Bäcker vergeblich eine Möglichkeit, das komplizierte Brezenschlingen maschinell zu erledigen. Nach langer Forschung und vielen Fehlversuchen ist dies gelungen. Heutzutage gibt es Maschinen, die bis zu 19 000 Brezen in einer Stunde formen – und das 20 Stunden täglich.

Diese technische Entwicklung hatte zur Folge, dass maschinell gefertigte Brezen preiswerter als handgemachte angeboten werden. Viele Discounter haben sogenannte Backstationen mit einer preisgünstigen Vielfalt an Backwaren eingerichtet. In Selbstbedienung können die Kunden dort die Backwaren in der gewünschten Anzahl selber verpacken oder bereits abgepackte Backwaren erwerben.

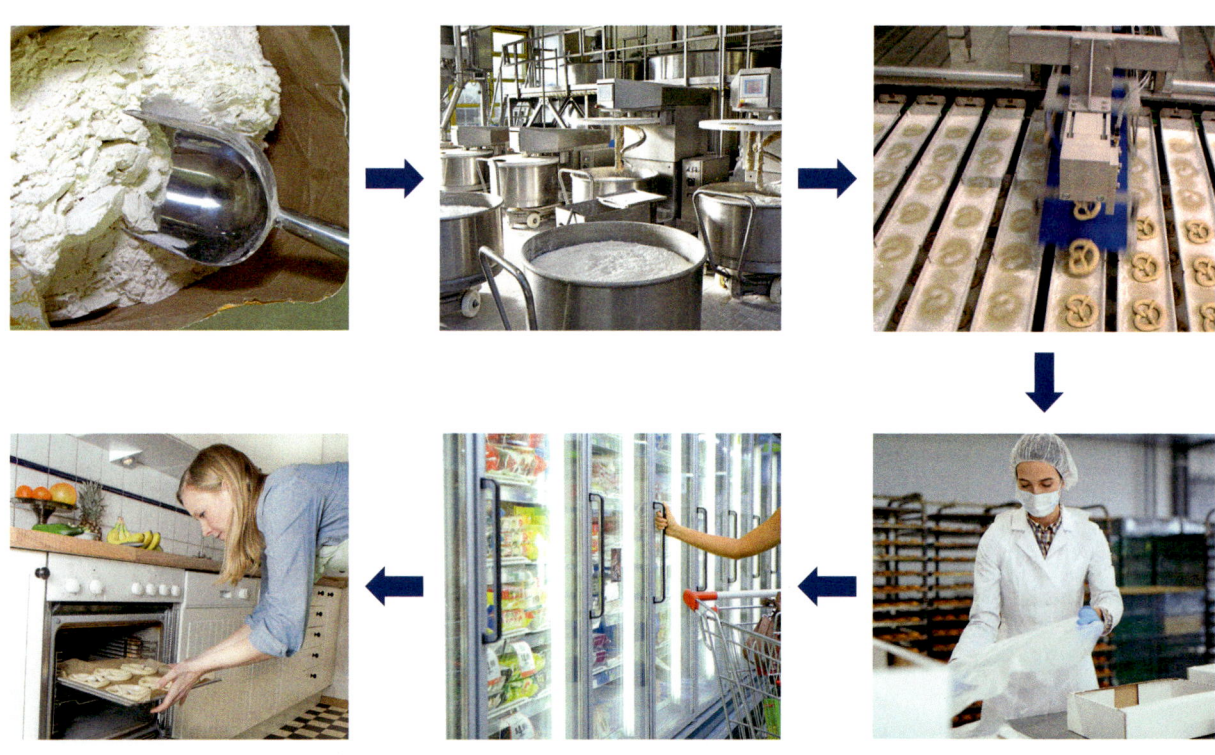

Der Arbeitsprozess

Die Bilder auf S. 92 zeigen Ausschnitte aus dem Arbeitsprozess der automatisierten, maschinellen Brezenproduktion. Diese Art der Automatisierung hat nicht nur Vorteile.

Vorteile	Nachteile
• Die Arbeitskräfte werden körperlich entlastet. Das anstrengende Heben schwerer Lasten (Mehl, Teig) entfällt ebenso wie das lange Stehen und die einseitige Belastung von Armen und Rücken. • Gefahren werden vermieden. Es gibt keinen direkten Kontakt mit gefährlicher Natronlauge etc. • Die Arbeitskosten (Material und Lohn) sinken. • Durch exakte Portionierung lassen sich Rohstoffe besser verwerten. Es entstehen weniger Reststücke. • Eine schnellere Produktion führt zu einem höheren Ausstoß an Stückzahlen. • Qualität und Aussehen bleiben gleich. Es gibt weniger Ausschuss. • Der Herstellpreis und damit der Verkaufspreis sinken. Das Produkt ist konkurrenzfähiger.	• Die hohen Anschaffungskosten für die Maschine haben einen steigenden Verkaufsdruck zur Folge, da die Maschine stets ausgelastet sein muss. • Maschine und Lager benötigen mehr Platz. • Die Arbeit an Maschinen ist eintönig. • Es sind weniger Arbeitskräfte nötig. Damit sinken auch die Beiträge an die Sozialversicherungen. • Der Aufwand für die Qualifizierung, um die Maschine zu bedienen, steigt. • Gleichförmige Qualität bedeutet, dass individuelle Vorlieben nicht oder nur mit viel Know-how umsetzbar sind, z. B. besonders dünne Innenstege. • Die Abhängigkeit von der Technik nimmt zu. Reparaturen sind nur durch geschultes Personal (meist externen Kundendienst) möglich. Ein Defekt kann einen kompletten Produktionsausfall nach sich ziehen. • Die Herstellung mit elektrischen Maschinen verbraucht Ressourcen (Strom, Wasser). Große Bäckereifabriken produzieren hohe Stückzahlen für ein wachsendes Verkaufsgebiet. Daher werden die Brezen oft tiefgefroren transportiert. Die Folgen sind ein hoher Energieverbrauch und Qualitätsverluste.

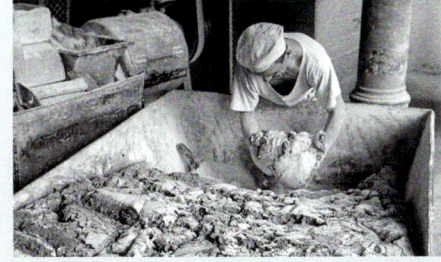

Aufgaben

1 ○ Beschreibe die Herstellung von Brezen. Welche Rohstoffe werden eingesetzt? Welche Arbeitsschritte sind nötig?

2 Brezentest: Teilt euch in Gruppen auf und organisiert ein „Butterbrezenfrühstück" mit Discounterbrezen und Bäckerbrezen. Erstellt Vergleichskriterien und notiert eure Testergebnisse.

3 Wo würdest du lieber arbeiten: in einer „Brezenfabrik" oder in einer traditionellen Bäckerei? Begründe ausführlich deine Meinung.

4 M Findet gemeinsam ein weiteres Beispiel für einen Arbeitsplatz, der sich durch Technisierung verändert hat. Recherchiert die Vor- und Nachteile. Wägt ab, was eurer Meinung nach überwiegt.

Industrie 4.0

Produktionsabläufe verändern sich

Ende des 18. Jahrhunderts begann in England mit der Erfindung der Dampfmaschine und des mechanischen Webstuhls die maschinelle Produktion von Waren die Handarbeit abzulösen. Rückblickend bezeichnet man diesen Umbruch als „industrielle Revolution" und die Produktionsweise als „Industrie 1.0".

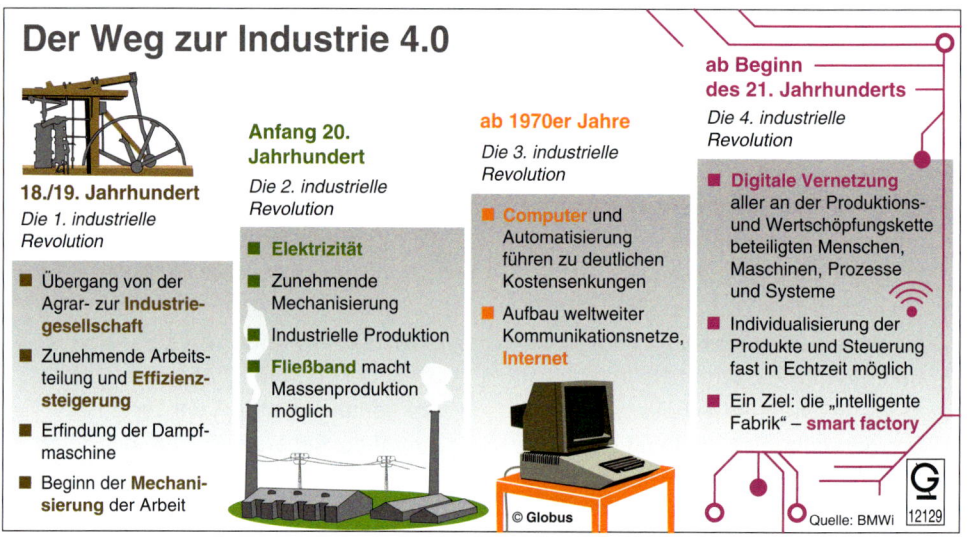

Der Weg zur Industrie 4.0

18./19. Jahrhundert
Die 1. industrielle Revolution

- Übergang von der Agrar- zur **Industriegesellschaft**
- Zunehmende Arbeitsteilung und **Effizienzsteigerung**
- Erfindung der Dampfmaschine
- Beginn der **Mechanisierung** der Arbeit

Anfang 20. Jahrhundert
Die 2. industrielle Revolution

- **Elektrizität**
- Zunehmende Mechanisierung
- Industrielle Produktion
- **Fließband** macht Massenproduktion möglich

ab 1970er Jahre
Die 3. industrielle Revolution

- **Computer** und Automatisierung führen zu deutlichen Kostensenkungen
- Aufbau weltweiter Kommunikationsnetze, **Internet**

ab Beginn des 21. Jahrhunderts
Die 4. industrielle Revolution

- **Digitale Vernetzung** aller an der Produktions- und Wertschöpfungskette beteiligten Menschen, Maschinen, Prozesse und Systeme
- Individualisierung der Produkte und Steuerung fast in Echtzeit möglich
- Ein Ziel: die „intelligente Fabrik" – **smart factory**

© Globus
Quelle: BMWi
12129

Kommissionierung:
Zusammenstellung von Waren für Kundenbestellungen oder für die Produktion in Betrieben.

Logistik:
die Planung und Steuerung des Personen-, Informations- und Warenflusses in einem Unternehmen. Dazu zählen Transport, Lagerung, Kommissionierung, Verpackung und Verteilung.

Mittlerweile ist die Entwicklung in Richtung „Industrie 4.0" fortgeschritten. Mit diesem Begriff ist die digitale Vernetzung von Handel, Dienstleistung und Produktion gemeint. Die Abläufe der Wirtschaft werden mithilfe neuester digitaler Technik gesteuert.

Beispielsweise gibt es **Logistikzentren**, in denen die Internetbestellungen der Kunden automatisch durch digitale Hochregalsysteme zusammengestellt werden. Man bezeichnet dies als automatische **Kommissionierung**.

„Intelligente" Roboter, die selbstständig Arbeitsstellen mit Materialien versorgen, sind heutzutage bereits ein vertrautes Bild in den Betrieben.

Auch die Konsumenten müssen digitales „Know-how" besitzen und auf die entsprechende Technik Zugriff haben. Das World Wide Web ist zum wichtigsten **IT-Betriebsmittel** unserer Zeit geworden.

Digitalisierung bedeutet Veränderungen in der Arbeitswelt

Die Bedeutung der körperlichen Arbeitskraft nimmt in der modernen Arbeitswelt immer mehr ab. Gefragt sind vielmehr technisches Verständnis, die Bereitschaft, „vernetzt" zu sein, und die Fähigkeit, sich in komplizierte Software einzuarbeiten. Mitarbeiter arbeiten heutzutage nicht mehr vom Büro, sondern von zu Hause aus. Dies ist an jedem Ort auf der Welt mit Internetanschluss möglich. Weiterbildungsmaßnahmen lassen sich z.B. über E-Learning durchführen. Das spart Reisekosten und Reisezeit. Trotzdem sind persönliche Begegnungen von Menschen in vielen Fällen wichtig und wertvoll. Die Anwender in der heutigen Arbeitswelt müssen stets auf dem neuesten Stand sein. Das bedeutet auch, dass Arbeitsprozesse künftig immer leichter erlernbar sein sollten. Das Interesse an technischen Systemen und die Bereitschaft, mit den ständigen Neuerungen Schritt zu halten, werden in der Arbeitswelt der Zukunft unverzichtbar sein. Der Anspruch, ständig erreichbar zu sein und mit der Flut an Neuerungen zurechtzukommen, kann Mitarbeiterinnen und Mitarbeiter krank machen. Die Fälle von sogenanntem Burn-out häufen sich.

> **Burn-out:**
> völlige emotionale, geistige und körperliche Erschöpfung durch ständige Selbstüberforderung

↗ **Lexikon**
Server, Serverfarm

Digitalisierung schadet der Umwelt

Digitalisiertes Arbeiten benötigt viel Speicherplatz (Kapazität) und komplizierte technische Systeme. Mittlerweile gibt es sogenannte **Serverfarmen**, die durch den Zusammenschluss vieler **Server** eine sehr große Kapazität besitzen. Alle Systeme müssen selbstverständlich mit der aktuellsten Technik ausgestattet sein. Das verbraucht Ressourcen.

Die Serverfarmen sind „Stromfresser". Vor allem für den „Standby-Betrieb" oder die Kühlung der Anlagen werden riesige Mengen an Strom benötigt. Die Rechenzentren der weltgrößten Internetfirmen verbrauchen jeweils etwa so viel Strom wie eine Stadt mit 200 000 Einwohnern.

Aufgaben

1 Erkläre die Grafik „Der Weg zur Industrie 4.0" auf S. 94.
Welche Entwicklung hat sich vollzogen? Nenne die Vor- und Nachteile der jeweiligen Entwicklungsschritte.

2 Die Entwicklung zur Industrie 4.0 hat viele Vorteile gebracht, jedoch auch erhebliche Umweltbelastungen. Erläutere die Folgen für die Umwelt.

3 Beschreibt in Stichpunkten, wie sich die Digitalisierung auf unsere Arbeitsplätze/unsere Arbeit auswirken kann.

4 Digitalisierung und Computertechnik: Berichte über deine Erfahrungen bei der Betriebserkundung/während des Betriebspraktikums. Erläutere, ob es digitalisierte Prozesse gab.

Betriebserkundung, Betriebspraktikum

Szenario

In dieser Jahrgangsstufe führt ihr eine Betriebserkundung und ein Betriebspraktikum weitgehend selbstständig durch. Ihr untersucht weitere Berufe und kommt in eurer Berufswahlvorbereitung voran.

Vielleicht könnt ihr jetzt den einen oder anderen Beruf ausschließen, der euch nicht gefällt, oder ihr findet einen interessanten Beruf, in dem ihr gerne eine Ausbildung machen wollt.

So geht ihr vor

Planung

1. Wählt einen Betrieb in der Nähe der Schule, bei dem ihr eine Erkundung durchführen könnt.
2. Nehmt Kontakt zu diesem Betrieb auf und vereinbart einen Termin für die Erkundung.
3. Erkundigt euch nach den Sicherheitsbestimmungen und sonstigen Vorschriften im Betrieb.
4. Bereitet euch gut auf die Erkundung vor: Überlegt euch Fragen. Legt den Schwerpunkt auf technische Verfahren und Technikanwendung im Betrieb.
5. Erinnert euch daran, wie ihr bei euren bisherigen Erkundungen vorgegangen seid.
   → **Methode** Eine Befragung durchführen, S. 110; Beobachten, S. 110; Wir führen eine Erkundung durch, S. 112
6. Lest euch vor der Erkundung nochmals alle Verhaltensregeln durch.
7. Klärt, wie ihr zum Erkundungsort gelangt und wieder zurück.

Durchführung

8. Seid etwa zehn Minuten vor der vereinbarten Uhrzeit am Erkundungsbetrieb.
9. Stellt euch höflich vor und zeigt Interesse an den Vorgängen im Betrieb und insbesondere an euren Erkundungsschwerpunkten.
10. Stellt eure vorbereiteten Fragen und notiert die Antworten.
11. Falls gestattet, erstellt Fotos für eure Präsentation oder macht Interviews. Denkt dabei an die Einverständniserklärung der fotografierten bzw. interviewten Personen.
12. Verabschiedet euch und bedankt euch für die Erkundung.

Präsentation/ Reflexion

13. Präsentiert eure Ergebnisse in ansprechender Form in der Klasse.
14. Reflektiert im Anschluss die Erkundungsergebnisse (ob die Erkundung euch in eurer Berufsorientierung weitergebracht hat, welche Erkenntnisse ihr gewonnen habt etc.) und wie euch die Erkundung gefallen hat.
15. Diskutiert, was während der Erkundung gut und schlecht gelaufen ist und was ihr bei der nächsten Erkundung verbessern wollt.

Das weiß ich jetzt:

Technische Prozesse wandeln sich ständig. Was heute modern ist, gilt morgen schon wieder als veraltet.

Die Stufen der Industrialisierung von 1.0 bis 4.0 bewirkten jeweils bahnbrechende Neuerungen bei der Herstellung von Waren und Gütern.

Der technische Wandel hat – neben der Arbeitserleichterung – viele weitere positive und auch negative Auswirkungen auf den Einzelnen.

Das Berufsleben erfordert fortwährend neue fachliche Qualifikationen, um in der Arbeitswelt mithalten zu können.

Das kann ich jetzt:

1 erklären, was ein Arbeitsprozess bzw. ein Herstellungsprozess ist.

2 den Ablauf in der Produktion erläutern.

3 die drei Wirtschaftssektoren benennen und mit Beispielen belegen.

4 den Nutzen von Arbeitsschutz, Arbeitssicherheit und Ergonomie an Arbeitsplätzen erklären und Beispiele dazu anführen.

5 technische Abläufe in Betrieben erkennen und Fragen zu technischen Produktionsverfahren und Mitteln formulieren.

6 die Vor- und Nachteile einer industriellen bzw. automatisierten Produktion nennen und erklären.

5 Projekt Technik

Das kannst du schon:

- Du kannst einen Leittext lesen und diesen als Arbeitsanleitung für eine Projektarbeit nutzen.
- Du kannst die verschiedenen Schritte eines Projektes benennen und durchführen. Dabei orientierst du dich an einem Leittext.
- Du kannst gemeinsam mit deinen Projektpartnern und unterstützt durch die Lehrkraft Aufgaben verteilen.
- Du kannst erklären, warum es bei der Projektarbeit wichtig ist, dass jedes Teammitglied die ihm zugeteilte Aufgabe gewissenhaft erledigt.

So kommst du ans Ziel:

- Du wiederholst dein Vorwissen zum Thema „Projekt" und lernst weitere, für die Projektarbeit wichtige Punkte kennen.
- Du führst anhand eines Leittextes die Phasen des Projekts durch.
- Du informierst dich über die industrielle Keksproduktion und vergleichst deine Rechercheergebnisse mit der Herstellung von Keksen zu Hause.
- Du setzt dich mit der Methode „Info-/Merkblatt" auseinander.

Wenn du dieses Kapitel bearbeitet hast, kannst du

- die Unterschiede zwischen industrieller Keksproduktion und dem Backen von Plätzchen zu Hause erklären.
- mithilfe eines Leittextes ein Projekt durchführen.
- im Projekt anfallende Aufgaben verteilen und erledigen.
- den zeitlichen Projektablauf planen.
- eigene Projektergebnisse präsentieren und bewerten.
- abgeschlossene Arbeitsergebnisse und den Projekterfolg reflektieren.

Projektarbeit – Ich weiß Bescheid!

Ihr habt in den Klassen 5 bis 7 bestimmte Unterrichtsthemen projektorientiert oder im Projekt bearbeitet. Am Ende der 9. Klasse müsst ihr, um den qualifizierenden Abschluss der Mittelschule zu erreichen, eine Projektprüfung ablegen. Falls ihr den M-Zug besucht, beinhaltet der mittlere Schulabschluss der Mittelschule ebenfalls eine Projektprüfung. Bei dieser Form der Prüfung werden in Gruppen Aufgabenstellungen aus dem Fach WiB und dem gewählten berufsorientierenden Wahlpflichtfach bearbeitet.

Für die 8. Jahrgangstufe ist deshalb ein Übungsprojekt vorgesehen. Dieses läuft ähnlich wie die Projektprüfung ab und wird auch wie diese bewertet.

Da ihr bereits Erfahrungen bei verschiedenen Projekten gesammelt habt, wisst ihr, was in den jeweiligen Phasen von euch erwartet wird.

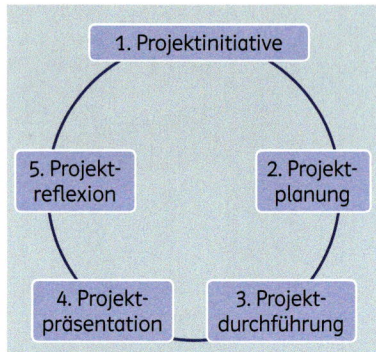

Phasen der vollständigen Handlung

Projektinitiative

Die Lehrkräfte aus dem Fach WiB und den berufsorientierenden Wahlpflichtfächern überlegen, in welcher realen Situation (Szenario) ihr tätig werden könnt. Ihr als Schülerinnen und Schüler könnt ebenfalls einen Projektvorschlag einbringen.

Die konkreten Aufgabenstellungen werden in einem Leittext, der mit dem Szenario beginnt, festgehalten. Dabei formuliert die WiB-Lehrkraft immer gemeinsam mit einer Fachlehrkraft den Text. Da die Schülerinnen und Schüler der 8. Klasse drei verschiedene Praxisfächer besuchen, gibt es drei Leittexte mit unterschiedlichen Aufgabenstellungen.

Planung

Zuerst lest ihr den Leittext ganz genau durch. Ihr wisst jetzt, welche verschiedenen Aufgaben zu erledigen sind. So könnt ihr entscheiden, wer welche Arbeit übernimmt. Dann plant ihr, wann die einzelnen Tätigkeiten erledigt werden. Beachtet dabei, ob ihr jeweils einen bestimmten Ort aufsuchen müsst. Denkt weiter daran, welche Arbeitsmaterialien und technischen Hilfsmittel ihr benötigt. Bedenkt schon in der Planungsphase, dass eure Arbeitsergebnisse präsentiert werden müssen.

Durchführung

In der Durchführung setzt ihr eure Projektplanung um. Ein arbeitspraktischer Teil ist immer in der Schule zu erledigen. Ihr arbeitet in den jeweiligen Fachräumen (Schulküche, Werkraum, PC-Raum). Bei diesen Arbeiten sind Lehrkräfte anwesend. Recherche und Dokumentation können sowohl in der Schule als auch zu Hause stattfinden.

Um Planungsfehler zu korrigieren und Probleme bei der Durchführung zu beheben, reflektiert ihr regelmäßig im Plenum den Stand eurer Arbeit. Manche Lehrkräfte bieten hierzu auch Beratung in sogenannten Schalterstunden an.

Präsentation

In dieser Phase stellt ihr eure Arbeitsergebnisse vor. Ihr habt die Wahl zwischen verschiedenen Formen und Medien: z. B. ein Info-/Merkblatt, ein Vortrag, Plakate oder eine Bildschirmpräsentation. Manchmal schreibt schon der Leittext vor, wie ihr präsentiert.

Reflexion

Arbeitsschritt	0	☺	☺ ☺	☺ ☺ ☺
1	---	✓	---	---
2	---	---	---	✓
3	---	---	✓	---

Am Ende eines Projekts bewertet ihr euer Arbeitsergebnis. Ist das Ergebnis sehr gut, dann hat schon vieles geklappt. Falls ihr jedoch mit dem Resultat unzufrieden seid, müsst ihr reflektieren, welche Fehler ihr gemacht habt. Betrachtet die Abläufe in den Gruppen. Darüber hinaus sollte jedes Klassenmitglied darüber nachdenken, wie es sich in den Arbeitsprozess eingebracht hat.

Projekt-Dokumentation – Das ist neu für mich!

Jede Schülerin und jeder Schüler muss während der Projektarbeit genau dokumentieren:
• Wie sind die Aufgaben in der Gruppe verteilt?
• Welche Arbeiten hat sie/er selbst wo und wann erledigt?
• Zwischenergebnisse werden festgehalten, um für spätere Arbeitsschritte zur Verfügung zu stehen.
Für diese Dokumentation wird meist eine Projektmappe angelegt und geführt.
In der Projektprüfung wird auch die Projektmappe bewertet.

Wenn ihr die hier beschriebenen Schritte der einzelnen Projektphasen berücksichtigt, steht einem erfolgreichen Abschluss des Übungsprojektes nichts im Wege.

Leittext „Keksproduktion"

Szenario

Das Thema des Übungsprojekts der 8. Klassen der Mittelschule Neustadt ist „Keksproduktion". Das Fach Wirtschaft und Beruf und die berufsorientierenden Wahlpflichtfächer arbeiten hier Hand in Hand. Im Fach Technik werden Keksformen gefertigt. Im Fach Wirtschaft und Kommunikation werden Rezepte und Zutatenlisten erstellt. Das Fach Wirtschaft und Beruf kümmert sich um die Recherche im Vorfeld: Damit das Projekt ein Erfolg wird, informieren sich die Schülerinnen und Schüler über die industrielle Produktion von Keksen. Im Unterricht des Faches Ernährung und Soziales werden die Kekse produziert.

So geht ihr vor

Planung

1. Ihr wisst, wie man in der Küche Kekse backt. In einer Süßwarenfabrik findet ihr einen vergleichbaren Produktionsablauf, allerdings mit erheblich größeren Mengen. Deshalb kommen dort mehr technische Hilfsmittel und Verfahren zum Einsatz.
2. Ihr informiert euch über die industrielle Keksproduktion. Euer Schwerpunkt ist der Einsatz von technischen Hilfsmitteln und Verfahren. Überlegt euch, wo und wie ihr an diese Informationen gelangt.
3. Gliedert den Produktionsablauf von Keksen in der Fabrik in einzelne Produktionsschritte. Vergleicht diese mit den Arbeitsschritten beim Keksebacken zu Hause.
4. Besprecht, wie ihr die recherchierten Materialien zum Thema „Industrielle Keksproduktion" auswertet und darstellt: Wann und wie soll die Präsentation eurer Ergebnisse stattfinden?
5. Berücksichtigt, dass die zusammengetragenen Informationen den Fächern Ernährung und Soziales, Technik und Wirtschaft und Kommunikation für ihre weiteren Arbeiten zur Verfügung stehen sollen. Was bietet sich an: ein Info-/Merkblatt, ein Vortrag, Plakate, eine Bildschirmpräsentation, …?
6. Erstellt einen Arbeitsplan, der den zeitlichen Ablauf und die Arbeitsverteilung festhält: Wer erledigt was zu welchem Zeitpunkt?

Durchführung

7. Recherchiert die technischen Hilfsmittel und Verfahren in der Süßwarenfabrik zur Herstellung von Keksen. Wo achtet man bei der Produktion auf den Umweltschutz?
8. Wertet eure gesammelten Informationen aus und erstellt nun eure Präsentation.

Präsentation

9. Wollt ihr Gäste zur Präsentation einladen? Für wen sind eure Ergebnisse wichtig? Z.B. für die Fachlehrkräfte der Fächer Ernährung und Soziales, Technik und Wirtschaft und Kommunikation oder für Schülerinnen und Schüler anderer Klassen?

Reflexion

10. Bewertet, wie informativ und anschaulich eure Präsentation war: Bringt sie euch bei den weiteren Arbeiten in den berufsorientierenden Wahlpflichtfächern voran?
11. Reflektiert im Klassenverband das gesamte Projekt: Was lief gut? Was macht ihr nächstes Mal besser? Wie haben sich die einzelnen Klassenmitglieder eingebracht?

Planung

Die Schülerinnen und Schüler der 8. Klasse der Mittelschule Neustadt erinnern sich, dass sie im letzten Schuljahr Butterplätzchen gebacken haben. Hierzu haben sie folgendes Rezept verwendet:

Butterplätzchen

Zutaten
1 kg Mehl,
500 g Butter,
450 g Zucker,
4 Eier,
2 Päckchen Vanillezucker,
1 TL abgeriebene Zitronenschale.

Zubereitung
Die Butter mit dem Zucker in einer Rührschüssel vermengen und die Eier hinzufügen.
Mehl, Vanillezucker und Zitronenschale in die Schüssel geben und das Ganze zu einem festen Teig verkneten. Den Teig eine halbe Stunde im Kühlschrank ruhen lassen.
Den Teig mit dem Nudelholz ausrollen. Die Plätzchen ausstechen, auf ein gefettetes Backblech legen und bei 180 Grad ca. 5 bis 10 Min. backen.
Nach dem Abkühlen die Kekse vorsichtig vom Backblech nehmen.

Um das Plätzchenbacken in der Schulküche mit einem industriellen Fertigungsprozess zu vergleichen, recherchieren die Achtklässler im Internet. Dort informieren sie sich über die Herstellung von Butterkeksen in einer Süßwarenfabrik.

Die Schülerinnen und Schüler entscheiden sich dafür, ihre Rechercheergebnisse für die Praxisfächer in verständlicher Form auf Info-/Merkblättern zu präsentieren.

Die Planungsphase endet damit, dass die Klasse zusammen mit der Lehrkraft die Aufgabenverteilung und den zeitlichen Ablauf des Projekts festlegt.

↗ **Methode**
Internetrecherche,
S. 116

> Die Methode Info-/ Merkblatt wird auf S. 107 vorgestellt.

Arbeitsplan		
Wer?	Was?	Wann?

1 Sammelt weitere Möglichkeiten, wie ihr an Informationen zum Thema „Industrielle Keksproduktion" gelangen könnt.

2 Überlegt in der Gruppe Suchwortkombinationen, mit denen die Achtklässler der Mittelschule Neustadt ihre Internetsuche starten können.

3 Wie hätten die Ergebnisse auch präsentiert werden können? Findet drei weitere Möglichkeiten.

4 Diskutiert und legt fest, auf welche Weise ihr euch bei eurem Projekt informiert und wie ihr euer Arbeitsergebnis präsentiert.

Durchführung

1 Im Rahmen ihrer Internetrecherche sammeln die Achtklässler folgende Informationen:

↗ **Lexikon**
Fertigungsstraße

In einer Süßwarenfabrik werden Kekse unter Einsatz von technischen Hilfsmitteln, die meist eine komplette Fertigungsstraße bilden, produziert.
Unabdingbar für eine sehr gute Qualität der Kekse ist die sorgfältige Auswahl qualitativ hochwertiger Rohstoffe.

2 Anders als in der häuslichen Weihnachtsbäckerei müssen für die industrielle Herstellung Zutaten in großen Mengen eingekauft werden.
Die Lagerung der Zutaten erfolgt nicht in Vorratsdosen oder im heimischen Kühlschrank, sondern in Silos bzw. großen Kühleinheiten.
Von dort gelangen die Rohstoffe über automatisch gesteuerte Rohrsysteme in über-dimensionale Rührschüsseln. Computer steuern die Dosierung der Zutatenmengen.

3 Der Knetvorgang lässt sich zu Hause mit dem Knethaken des Handrührgeräts erledigen. Hier benötigt man große Knetmaschinen, die die Zutaten vermengen und zu einem Teig verarbeiten.

Aufgaben

1 Gib die verschiedenen Schritte der industriellen Keksproduktion in eigenen Worten wieder.
  a. Halte die Schritte schriftlich fest.
  b. Zeige auf, welche Tätigkeiten im Industriebe-trieb von Maschinen übernommen werden.

2 Besprich dich mit einer Partnerin/einem Partner, welche Unterschiede es in euren Rechercheergeb-nissen gibt.

4 Wenn die Teigmasse fertig ist, gleitet sie auf Transportbändern weiter durch eine Kühleinheit, um zu ruhen. Danach wandert der Teig auf Transportbändern in den sogenannten Teigformer. Hier werden über Gebäckwalzen die Kekse geformt. Die Gebäckwalzen lassen sich je nach gewünschter Keksform austauschen.

5 Über ein gefettetes Band fahren die Teigrohlinge durch den Backofen. Damit alle Kekse einheitlich bräunen, wird auch der Backvorgang über Computersensoren gesteuert.

6 Anschließend werden die Gebäckstücke über das Band durch eine Kühlmaschine geleitet, um die Abkühlungsphase zu verkürzen.

7 Zu Hause bewahren wir unsere Kekse in Blechdosen auf. In der Fabrik werden die Gebäckstücke gewogen und für den Handel verpackt.

Neben automatischen Qualitätskontrollen findet auch eine Sichtkontrolle statt. Beispielsweise sortieren Mitarbeiter nach dem Backvorgang Kekse, die nicht einwandfrei sind, per Hand aus.
Die 8. Klasse der Mittelschule Neustadt wertet nun alle Informationen aus. Sie präsentiert ihre Arbeitsergebnisse mit einem Info-/Merkblatt.

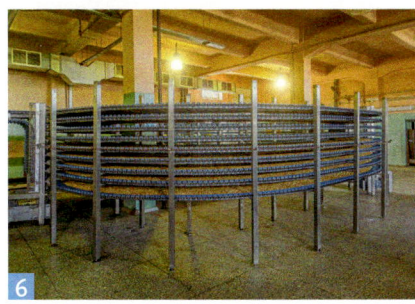

3 Findet mindestens zwei Vorteile, die der Einsatz von Technik in der Keksproduktion mit sich bringt.

4   Nun seid ihr dran:
In der Planungsphase habt ihr euch für eine Präsentationsform entschieden.
Erstellt nun die Präsentation zu eurem Klassenprojekt.

Präsentation

Keksproduktion ...

... in der Küche

Zutaten
Du legst die Zutaten in den haushaltsüblichen Mengen bereit.

Teigherstellung
Du knetest den Teig mit den Händen oder mit dem Handrührgerät.

Portionierung der Kekse
Du rollst den Teig mit dem Nudelholz aus. Die einzelnen Kekse stichst du mit einer Ausstechform aus.

Backen
Du legst die ausgestochenen Kekse auf ein gefettetes Backblech und backst sie blechweise im Backofen.

Auskühlen
Du lässt die fertigen Kekse auf dem Blech auskühlen.

Verpackung und Aufbewahrung
Du lagerst die Backwaren in Keksdosen.

... im Industriebetrieb

Rohstoffe
Rohstoffe sind in großen Mengen erforderlich.

Teigherstellung
Eine industrielle Knetmaschine stellt die Teigmasse her.

Portionierung der Kekse
Die einzelnen Kekse werden mithilfe eines Teigformers und durch Gebäckwalzen portioniert.

Backen
Die Gebäckstücke durchlaufen auf automatisch eingefetteten Transportbändern einen Industriebackofen.

Auskühlen
Die fertigen Kekse laufen auf Transportbändern durch eine Kühleinheit, um die Kühlzeit zu verkürzen.

Verpackung und Aufbewahrung
Die Kekse werden maschinell portioniert und für den Verkauf verpackt.

Die Achtklässler der Mittelschule Neustadt präsentieren die Arbeitsergebnisse ihres Übungsprojektes in Form eines Info-/Merkblattes. Dieses Blatt haben sie für ihre Lehrkräfte der Fächer Wirtschaft und Beruf, Ernährung und Soziales, Technik und Wirtschaft und Kommunikation sowie für sich selbst erstellt. Es soll bei der weiteren Arbeit am Projekt in den berufsorientierten Wahlpflichtfächern als Basisinformation dienen.

Methode: Ein Info-/Merkblatt erstellen

Ein Info-/Merkblatt hat die Aufgabe, in knapper Form wichtige Informationen zu einem Thema zu liefern. Info-/Merkblätter können in den Formaten DIN A5 oder DIN A4 erstellt werden. Es empfiehlt sich, etwas festeres Papier zu verwenden. Info-/Merkblätter werden im schulischen wie auch im außerschulischen Leben eingesetzt. In der Schule wird beispielsweise ein Referat für die Zuhörer noch einmal kurz zusammengefasst. Im außerschulischen Bereich ist der einseitige, tabellarische Lebenslauf als Beispiel für ein Info-/Merkblatt zu nennen.

Welche Punkte du bei der Erstellung eines Merkblatts beachten musst, kannst du im Methodenteil auf S. 115 nachlesen.

Tipp

Die Schülerinnen und Schüler, die das Praxisfach WiK gewählt haben, kennen sich gut mit der Formatierung von Texten aus. Fragt eure Mitschülerinnen und Mitschüler, die den Unterricht des Faches Wirtschaft und Kommunikation besuchen, worauf ihr bei der Textformatierung achten müsst, damit das Info-/Merkblatt für die Leserschaft übersichtlich und ansprechend gestaltet ist.

Aufgaben

1 Auf dieser Seite hast du die Methode „Info-/Merkblatt" kennengelernt. Überlege, in welchen weiteren schulischen und außerschulischen Situationen es sinnvoll ist, ein Info-/Merkblatt zu erstellen.

2 Die Klasse 8 der Mittelschule Neustadt hat für ihre Projektpräsentation die Form „Info-/Merkblatt" gewählt. Ein Vortrag zum Thema „Industrielle Keksproduktion" wäre ebenfalls denkbar. Notiere mit einer Partnerin/einem Partner, welche Punkte für einen guten Vortrag wichtig sind.

3 Stell dir vor, du sollst über das Thema „Keksproduktion in einer Süßwarenfabrik" informiert werden. Würdest du lieber ein Info-/Merkblatt lesen oder einen Vortrag anhören? Begründe deine Wahl.

4 Welche Form der Präsentation habt ihr für euer eigenes Projekt gewählt? Legt die Gründe für eure Entscheidung dar.

Reflexion

Die Bezeichnung **„Handout"** kommt aus dem Englischen. Sie wird oft auch für ein Info-/Merkblatt verwendet.

Das Arbeitsergebnis wird bewertet:

Während des gesamten Ablaufs wird das Projekt immer wieder reflektiert. Die Schülerinnen und Schüler der Klasse 8 der Mittelschule Neustadt haben nicht nur ein einziges Info-/Merkblatt erstellt. Die Klasse wurde in Gruppen aufgeteilt. Jede Gruppe hat dann ein eigenes „Handout" gestaltet. In der abschließenden Projektphase stellt nun jede Gruppe ihr Ergebnis vor. Zusammen mit der Lehrkraft wählen die Schülerinnen und Schüler das Info-/Merkblatt aus, das allen am besten gelungen erscheint. Bei der Bewertung ziehen sie die Kriterien heran, die in der Methodenkarte auf S. 107 beschrieben wurden. Das ausgewählte Handout wird kopiert und an die Fachlehrkräfte der berufsorientierenden Wahlpflichtfächer weitergereicht.

Der Arbeitsprozess der Gruppe wird reflektiert:

Die Klasse 8 ist mit ihrem Projektergebnis eigentlich ganz zufrieden. Trotzdem gibt es Punkte, die während der Durchführung nicht ganz rund gelaufen sind. Vor allem bei der Internetrecherche haben einige Gruppen Schwierigkeiten gehabt, wichtige von unwichtigen Informationen zu unterscheiden. In einer Gruppe gab es Streit darüber, wer welche Aufgaben erledigt. Die Klassenlehrkraft leitet die Jugendlichen an, über diese Probleme zu sprechen und Lösungen zu entwickeln. Sie weist darauf hin, dass beim qualifizierenden Abschluss der Mittelschule eine Projektprüfung durchgeführt wird. Dann sollten diese Dinge nicht mehr vorkommen.

Die Einzelleistung wird betrachtet:

In der Projektprüfung wird nicht nur das Gesamtergebnis gesehen, sondern jede Schülerin und jeder Schüler wird einzeln bewertet. Deshalb überlegt jedes Klassenmitglied in dieser Phase, wie es sich in den Arbeitsprozess eingebracht hat. Dafür hat die Lehrkraft Reflexionsbögen ausgeteilt, die von jedem in der Klasse alleine auszufüllen sind. Später wird diese Selbsteinschätzung entweder mit den Beobachtungen der Lehrkraft oder mit der eines anderen Klassenmitglieds verglichen.

Aufgaben

1 Erkläre mit eigenen Worten, was unter „Reflexion" zu verstehen ist. Lege dar, warum diese Phase zum Abschluss eines Projektes so wichtig ist.

2 Welche drei Arten der Reflexion sollten zum Abschluss eines Projektes stattfinden? Zähle auf.

3 Die Schülerinnen und Schüler der 8. Klasse haben die Info-/Merkblätter der verschiedenen Gruppen verglichen. Sie haben dann dasjenige auswählt, das ihnen am besten gefallen hat. Welche Kriterien haben sie bei ihrer Bewertung herangezogen? Löst die Aufgabe in Kleingruppen.

4 Überlegt, an welcher Stelle in eurem Projekt ihr eine Zwischenreflexion machen solltet. Vielleicht sind auch mehrere solcher Phasen sinnvoll. Plant diese Phasen ein, wenn ihr den Ablaufplan für euer Projekt erstellt.

Das weiß ich jetzt:

Ein Leittext besteht aus dem Szenario und den Aufgabenstellungen.

Ein Projekt verläuft immer in folgenden Phasen: Planung, Durchführung, Präsentation und Reflexion.

Die Arbeitsschritte im Projekt müssen dokumentiert werden.

In der industriellen Produktion kommen Maschinen und technische Verfahren zum Einsatz, die den Prozess effektiv gestalten.

Ein Info-/Merkblatt liefert kurz zusammengefasst wichtige Informationen zu einem Thema. Es wird im schulischen und im außerschulischen Bereich verwendet.

Das kann ich jetzt:

1. mithilfe eines Leittextes ein Projekt planen, durchführen und reflektieren.

2. die verschiedenen Aufgaben, die während des Projekts zu erledigen sind, genau benennen und verteilen.

3. einen Zeitplan für das Projekt erstellen, wann welche Arbeit zu erledigen ist.

4. Projektergebnisse präsentieren und bewerten.

5. in der Klasse oder in der Gruppe reflektieren, wie der Arbeitsprozess verlaufen ist.

Methoden

Hier findest du die Methoden für den WiB-Unterricht kompakt und zum schnellen Nachschlagen zusammengefasst.

Methode: Eine Befragung durchführen

So geht's:
1. Die Befragung vorbereiten und gemeinsam entscheiden
   - Wer wird befragt und welche Hilfsmittel benötigen wir? (z. B. Fragebogen …)
2. Die Befragung durchführen
   - Stellt einen Zeitplan auf und sprecht alle Befragungstermine ab.
   - Achtet darauf, dass genug Zeit für die Beantwortung zur Verfügung steht.
   - Freundliches, nettes Auftreten und ein Dankeschön helfen bei der Befragung.
3. Die Ergebnisse präsentieren
   - Präsentiert eure Ergebnisse auf einer Wandzeitung im Klassenzimmer.

Methode: Beobachten

So geht's:
- Besorge dir Hilfsmittel: Kamera, Notizblock und Stift.
- Werde dir darüber klar, was oder wen du beobachten möchtest.
- Frage die Person, die du beobachten möchtest, vorher um Erlaubnis.
- Plane die Länge deines Beobachtungszeitraums.
- Nun geht es an das Beobachten: Notiere dir, welche Hilfsmittel für die Tätigkeit gebraucht werden.
- Notiere dir alle Fachbegriffe. Frage bei Unklarheiten nach.
- Lass dir die einzelnen Schritte erläutern und begründen.
- Nach dem Beobachten kontrollierst du deine Notizen und prüfst, ob alles vollständig ist.

Methode: Bildbeschreibung

- Betrachte in Ruhe das Bild oder die Bilder.
- Berichte genau, was zu sehen ist. Nutze dazu Adjektive. Achte auch auf Details.
- Überlege: Welche Informationen kannst Du aus dem Bild „herauslesen" (z. B. Stimmung, Gedanken, Gefühle der abgebildeten Personen)?

Methode: Eine Bildschirmpräsentation erstellen

1. Öffne das Programm am Computer.
2. Lege das Rahmenlayout fest und erstelle deine Titelfolie.
   Das Rahmenlayout:
   - der Folienhintergrund,
   - die Schriftart,
   - die Schriftfarbe und
   - das Folienlayout.
3. Füge Folien hinzu und verteile die Inhalte.
4. Gib der Präsentation den letzten Schliff.
   - Gestalte deine Folien einheitlich.
   - Achte darauf, dass die Form das Lesen und Verstehen erleichtert.
   - Mindest-Schriftgröße ist 18 pt.
   - Nicht mehr als acht Zeilen auf eine Textfolie tippen.
   - Wenn du Bilder nutzt, lasse ausreichend Abstand zum Text.
5. Übe deine Präsentation.

Methode: Blitzlicht

So geht's:
Bildet zunächst einen Stuhlkreis und wählt einen Moderator.
1. Schritt: Die Frage – Der Moderator stellt eine Frage.
2. Schritt: Die Antwort – Deine Antwort bezieht sich auf die Frage und wird in der Ich-Form geäußert. Die Beiträge sind nicht länger als ein bis zwei Sätze.
3. Schritt: Das Zuhören – Während einer Äußerung hören die anderen nur zu.
4. Schritt: Das Verhalten – Äußerungen werden weder kommentiert, noch kritisiert.
5. Schritt: Die Diskussion – Sie findet erst statt, wenn alle sich geäußert haben.

Methode: Ein Diagramm, ein Schaubild oder eine Grafik auswerten

- **Sich orientieren:** Was genau wird dargestellt? Wie lautet die Überschrift? Wer hat das Schaubild erstellt? Aus welchem Jahr ist es?
- **Beschreiben:** Falls das Schaubild ein Diagramm ist, dann beschreibe, wofür die x-Achse und wofür die y-Achse steht. Welche Zahleneinheiten werden benutzt? Was bedeuten die Säulen? Sind alle Säulen gleich lang? Falls es sich um ein Schaubild mit verschiedenen grafischen Elementen handelt: In welcher Beziehung stehen sie zueinander? Falls verschiedene Farben verwendet werden: Wofür stehen diese?
- **Erklären und auswerten:** Welche Verhältnisse sind abgebildet? Welche Werte werden verglichen? Gibt es Gemeinsamkeiten oder Gegensätze? Fällt etwas besonders auf?
- **Schlussfolgern:** Welche Gesamtaussage kannst du treffen?

Methode: Wir führen eine Erkundung durch

Wie bereitet ihr die Erkundung vor?

- Du kannst eine Erkundung alleine, mit einer Gruppe oder mit der ganzen Klasse planen.
- Zuerst wird festgelegt, was genau erkundet werden soll. Jede Erkundung hat eigene Ziele: z. B. Arbeitsplätze kennenlernen, Verkaufsstrategien erkennen und viele andere mehr. Wenn das Ziel eurer Erkundung geklärt ist, solltet ihr Fragen aufschreiben, die euch interessieren. Ihr könnt diese Fragen auch nach verschiedenen Kriterien sortieren und sie einzelnen Gruppen zuordnen.
- Nehmt einige Wochen zuvor mit dem Ansprechpartner des Erkundungsortes Kontakt auf. Ihr könnt anrufen, eine E-Mail schreiben oder persönlich vorbeischauen. Falls ihr euch das noch nicht traut, könnt ihr vorher ein solches Gespräch als Rollenspiel im Klassenzimmer üben.
- Stimmt mit der zuständigen Person ab, was ihr bei der Erkundung sehen, wissen und erfahren möchtet. Legt dann gemeinsam den Erkundungstermin fest.
- Besprecht genau, welches Verhalten von euch erwartet wird. Dürft ihr Mitarbeiter ansprechen oder nicht? Gibt es bestimmte Vorsichtsmaßnahmen zu berücksichtigen?
- Klärt auch ab, ob und was ihr fotografieren/filmen dürft oder ob Tonaufnahmen möglich sind.
- Falls die ganze Klasse erkundet, solltet ihr oder eure Lehrkraft die Schulleitung, die anderen Lehrkräfte, die an diesem Tag in der Klasse unterrichten, und eure Eltern informieren. Vielleicht könnt ihr im Deutschunterricht ein Informationsschreiben verfassen.
- Findet heraus, wie ihr an den Erkundungsort kommt. Könnt ihr öffentliche Verkehrsmittel benutzen? Oder muss ein Bus bestellt werden?

Wie führt ihr die Erkundung durch?

- In dem Betrieb, Museum oder Geschäft, das ihr erkundet, seid ihr Gäste. Für einen Gast, der gerne einmal wiederkommen möchte, ist Höflichkeit oberstes Gebot. Denkt auch daran, dass ihr „Botschafter" eurer ganzen Schule seid.
  - ✓ Begrüßt die Menschen vor Ort freundlich und stellt euch vor.
  - ✓ Wenn ihr Mitarbeiter/innen befragen möchtet, drängt euch nicht auf und seid höflich.
  - ✓ Achtet darauf, den normalen Arbeitsablauf oder den Kundenverkehr nicht zu stören.
  - ✓ Bedankt euch. Ihr könnt auch ein Dankesschreiben verfassen und dieses überreichen.
  - ✓ Verabschiedet euch in einer angemessenen Art und Weise.
- Beobachtet genau, was ihr wahrnehmt. Vergesst dabei eure Arbeitsaufträge und Beobachtungsschwerpunkte nicht.
- Um eure Eindrücke, Beobachtungen und Interviewergebnisse hinterher auswerten zu können, ist es wichtig, alles zu dokumentieren. Worauf ihr dabei achten solltet, erfahrt ihr im nächsten Abschnitt.
  Wie dokumentiert ihr richtig?
- Nehmt einen großen Notizblock, Stifte und eine stabile Unterlage mit. Schreibt eure Eindrücke oder die Antworten auf Fragen in Stichworten auf. Vielleicht könnt ihr auch Skizzen anfertigen.
- Wenn ihr jemanden interviewt, fragt vorher, ob ihr das Gespräch mit dem Smartphone aufnehmen dürft.
- Fotos eignen sich besonders gut, um wichtige Dinge festzuhalten. Erkundigt euch auf jeden Fall vorher, ob und was ihr fotografieren dürft.

Methode: Wir führen eine Erkundung durch

Wie wertet ihr die Erkundung aus?

- 1. Schritt: Ordnen und Auswerten des Materials
  Ihr habt während der Erkundung viele Notizen, Skizzen oder Fotos gemacht. Lest noch einmal die Beobachtungsaufträge durch und verschafft euch dann einen Überblick über eure Aufzeichnungen.
- 2. Schritt: Präsentieren der Ergebnisse
  Wie ihr das Material für die Präsentation aufbereitet, hängt davon ab, auf welche Art ihr präsentieren wollt. Es gibt verschiedene Möglichkeiten:
  ein Plakat gestalten,
  einen Hefteintrag erstellen,
  ein Kurzreferat halten,
  ein Portfolio erstellen,
  einen Artikel für die Homepage der Schule oder die Schülerzeitung schreiben.
- 3. Schritt: Reflexion
  Sprecht abschließend noch einmal in der Klasse über die Planung, Durchführung und die Präsentation der Ergebnisse. Tauscht euch über eure Erfahrungen aus: Was hat dich erstaunt? Was hast du Neues gelernt? Was würde dich zusätzlich noch interessieren? Überlegt euch auch, was schon gut geklappt hat oder was ihr noch verbessern müsst. Eine weitere Möglichkeit ist, dass jeder von euch allein eine schriftliche Reflexion verfasst.

Methode: Expertengespräch

Experten aus Gruppen mit gegensätzlichen Meinungen führen ein Gespräch mit dem Ziel, die Zuhörer von ihrer Meinung zu überzeugen. In einem Expertengespräch vertrittst du eine dir zugeteilte Meinung. Du musst also den Blickwinkel einer anderen Person einnehmen.

So geht's:

1. Sammelt in der Gruppe Argumente für und gegen den Einsatz von Technik. Jeder notiert sich die Inhalte. Teilt dazu jeweils ein Blatt in zwei Hälften. Benutzt dabei auch das WiB-Buch – Kapitel Technik.
2. Legt Gesprächsregeln fest.
3. Teilt die Klasse in mehrere Gruppen ein. Mindestens drei Personen für und drei Personen gegen den Einsatz von Technik sollten das Gespräch führen. Die anderen sind die Zuschauer. Eine Person moderiert das Gespräch. Nach einer Runde können die Teilnehmer wechseln und ein neues Gespräch kann beginnen.

Rollen der Gesprächsteilnehmer:
Moderator: Was er sagt, ist Gesetz. Er darf jedem das Wort erteilen oder verbieten. Er sorgt für das Einhalten der Gesprächsregeln und stellt Zwischenfragen um die Diskussion in Gang zu halten.
„Pro-Experte": alle sinnvollen Argumente, für den Einsatz von Technik
„Kontra-Experte": alle sinnvollen Argumente, gegen den Einsatz von Technik

Jeder Teilnehmer sollte mindestens ein Argument vorbringen.
Beachtet während der Diskussion die Gesprächsregeln.
Hat euch das Gespräch beeinflusst? Seid ihr nun anderer Meinung als vorher?

Methode: Fallbeispiele auswerten

- Fallbeispiele sind konkrete Situationen.
- Oft spiegeln sie deine eigene Lebenswelt wider.
- An ihnen kannst du dein erworbenes Wissen anwenden, testen und reflektieren.

So geht's:
- Lies dir das Fallbeispiel genau durch.
- Schreibe dir wichtige Stellen heraus, die dir nähere Auskunft geben.
- Vergleiche die gesetzlich geregelte Situation mit der im Fallbeispiel.
- Überprüfe im Anschluss, ob die Tätigkeiten zulässig sind.
- Du musst dabei auch Aussagen zu Altersgrenzen treffen.
- Beurteile und begründe die konkrete Situation im Fallbeispiel.

Methode: Einen Fragebogen erstellen

1. Schritt: Entscheidet, welchen Fragentyp ihr einsetzen wollt: geschlossene oder offene Fragen.
2. Schritt: Formuliert die Fragen so verständlich, dass sie eindeutig beantwortet werden können.
3. Schritt: Erstellt den Fragebogen mithilfe des Computers.
4. Schritt: Testet den Fragebogen zunächst in der Klasse.
5. Schritt: Bei einer Befragung an eurer Schule müsst ihr den Fragebogen der Schulleitung vorlegen und genehmigen lassen.
6. Schritt: Kopiert den Fragebogen in ausreichender Anzahl.

Methode: Galeriegang

Beim Galeriegang werden das Klassenzimmer oder auch andere Schulräume zu einer Galerie. Die Plakate werden an den Wänden aufgehangen oder auf den Tischen ausgelegt.
Alle Schülerinnen und Schüler gehen durch den Raum und bewerten die ausgestellten Plakate anhand eines Kriterienkatalogs. Dieser wird vorher ausgearbeitet.

So geht's:
- Teilt euch in Gruppen auf.
- Überlegt euch, was euch besonders wichtig ist. Das sind eure Bewertungskriterien.
- Erstellt eine Mindmap für eure Bewertungskriterien.
- Erstellt einen Kriterienkatalog mithilfe der Mindmap. Fragt eure Lehrkraft höflich, ob ihr das im PC-Raum machen dürft.
- Kopiert den Kriterienkatalog für die ganze Klasse.
- Stellt den Kriterienkatalog der Klasse vor und begründet ihn.
- Geht anschließend mit eurem Kriterienkatalog durch die Galerie und macht euch anhand eurer Kriterien Notizen zu den ausgestellten Plakaten.
- Reflektiert eure Ergebnisse in der Klasse.

Methode: Einen Gesetzestext lesen

Die folgenden Schritte helfen dir, Gesetze zu verstehen:
- Übergelege, was soll beantwortet werden – um was geht es?
- Lies den Text und kläre unbekannte Begriffe – du kannst in einem Wörterbuch nachschlagen, im Internet recherchieren oder jemanden befragen.
- Lies den Text noch einmal ganz genau.
- Bilde Sinnabschnitte und schreibe Stichpunkte heraus.
- Fasse das Gesetz mithilfe der Schlüsselbegriffe zusammen.

Methode: Ein Info-/Merkblatt erstellen

Ein Info-/Merkblatt hat die Aufgabe, in knapper Form wichtige Informationen zu einem Thema zu liefern. Info-/Merkblätter können in den Formaten DIN A5 oder DIN A4 erstellt werden. Es empfiehlt sich, etwas festeres Papier zu verwenden. Info-/Merkblätter werden im schulischen wie auch im außerschulischen Leben eingesetzt. In der Schule wird beispielsweise ein Referat für die Zuhörer noch einmal kurz zusammengefasst. Im außerschulischen Bereich ist der einseitige, tabellarische Lebenslauf als Beispiel für ein Info-/Merkblatt zu nennen.
Beachte bei der Erstellung folgende Punkte:

Umfang
- möglichst nicht mehr als zwei DIN-A4-Seiten

Aufbau
1. Allgemeines:
    - Überschrift: Was ist das Thema des Info-/Merkblattes?
    - Namen der Verfasser
2. Inhaltliche Elemente:
    - Gliederung
    - Definitionen: wichtige Begriffe und Abkürzungen mit kurzer Quellenangabe
    - stichwortartige Informationen
    - bei Bedarf Abbildungen, Diagramme, Tabellen etc.
    - Papier- und Schriftfarben: Welche Farben passen zur Thematik?
    - Schriftgröße, Absätze oder Unterteilungen, einfache bzw. der Zielgruppe entsprechende Sprache: Kann man das Blatt schnell und leicht lesen? Ist Fachsprache nötig?
    - Fettdruck, Unterstreichungen, Bilder …: Wie wird die Aufmerksamkeit des Lesers geweckt?
    - Allgemein gilt: Weniger ist mehr! Entscheidend sind: Kürze, Prägnanz (= nur die wichtigsten Inhalte in einprägsamer Form) und Verständlichkeit des Textes.
3. Ausführliche Quellenangaben:
    a) Quelle Internet:
       Betriebspraktikum; https://www.km.bayern.de/betriebspraktikum (Stand: 25.03.20..)
       Titel der Seite;   Webadresse   (Datum des letzten Zugriffs)
    b) Gedruckte Quelle:
       Schmitz, Staudacher: Wirtschaft und Beruf 7, München: XY-Verlag 2019, S. 81.
       Namen der Autoren: Titel,   Ort: Verlag Jahr,   Seite mit dem zitierten Text

Methode: Internetrecherche

So geht's:
- Überlege, welche Informationen du suchst.
- Setze eine der bekannten Suchmaschinen ein. Tipp: Es gibt auch spezielle Kindersuchmaschinen.
- Gib deinen genauen Suchbegriff ein. Achte darauf, dass du alles richtig schreibst.
- In den meisten Fällen erhältst du viele Treffer. Prüfe zuerst die Überschriften und Internetadressen der ersten Treffer.
- Entscheide dich dann, welche Seite du zuerst besuchst. Prüfe danach die anderen Treffer.
- Wähle die Seiten aus, bei denen du die Texte am besten verstehst.
- Drucke besonders wichtige Seiten aus. Lies die Texte noch einmal aufmerksam und markiere wichtige Stellen.
- Schreibe die wichtigsten Punkte für dich heraus.
- Halte fest, auf welchen Internetseiten du die Informationen gefunden hast.
- Beachte die Quelle. Von wem ist der Text? Könnte das etwas bedeuten?

Methode: Interview

So geht's:

1. Überlegungen zum Thema und zur Person:
Bevor du dir Fragen überlegst, musst du wissen, warum du das Interview durchführst und welche Thematik dich genau interessiert.
Wer ist dein Interviewpartner? Überlege dir, wie du diesen ansprichst.

2. Fragen überlegen:
Überlege dir verschiedene Fragen. Diese sollten nach Möglichkeit nicht nur mit „ja" und „nein" zu beantworten sein.
Bringe deine Fragen in eine sinnvolle Reihenfolge.

3. Materialien vorbereiten:
Denke an einen Block und Stift oder ein Diktiergerät, mit dem du die Antworten festhältst. Vielleicht bist du nicht alleine. So könnt ihr aufteilen, wer die Fragen stellt und wer die Antworten notiert.

Methode: Interview

4. Nun geht es an die Durchführung:
1. Sei pünktlich.
2. Denke an eine höfliche Anrede.
3. Stelle dich und dein Anliegen vor.
4. Orientiere dich an deinen vorbereiteten Fragen.
5. Höre aufmerksam zu und notiere die Antworten.
6. Frage nach, wenn du etwas nicht verstanden hast.
7. Verabschiede dich höflich und bedanke dich.

5. Das Interview auswerten:
1. Lies dir gleich nach der Befragung deine Antworten durch. Jetzt kannst du noch etwas ergänzen.
2. Schreibe die Antworten in sauberer Form auf.
3. Welche der Informationen verwendest du für deine Präsentation? Unterstreiche dir diese.

Methode: Mindmap

Schreibe das Thema in die Mitte eines quer gelegten Blattes und kreise es ein.
Lass deinen Gedanken zu diesem Thema freien Lauf.
Ordne deine Hauptgedanken wie Äste um das zentrale Thema.
Untergeordnete Gedanken zweigst du vom jeweiligen Hauptgedanken ab.

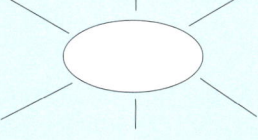

Achtung: Verwende dabei nur Stichpunkte.

Methode: Motivationskarte

So geht's:
Nimm zuerst ein dickeres DIN-A5-Papier und schneide es zurecht.
Schreibe deinen Wunsch oder dein Ziel in die Mitte der Karte.
Notiere auf dem restlichen Freiraum der Karte, wie du das Ziel erreichen wirst.
Gestalte zum Schluss die Karte.

Methode: Placemat

Placemat, was ist das?

Ein Placemat ist eine Art Tischdeckchen oder Platzdeckchen. Man nennt die Methode so, weil sie mit einem vorbereiteten Papierbogen durchgeführt wird, der wie eine kleine Tischdecke oder Platzdecke aussieht.

Nehmt am besten ein DIN-A3-Blatt.

Das Blatt wird in fünf Felder aufgeteilt: ein großes Gemeinschaftsfeld in der Mitte und vier kleinere Einzelfelder am Rand. Es sieht in etwa so aus:

Mit der Placemat-Methode könnt ihr Ideen zu einem Thema sammeln und in der Gruppe ergänzen.

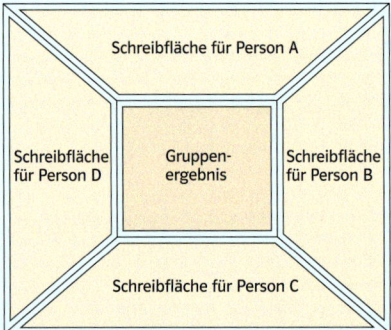

Diese Methode hat den Vorteil, dass ihr erst einmal in Ruhe darüber nachdenken und aufschreiben könnt, was ihr schon zu dem jeweiligen Thema wisst.

Zusätzlich könnt ihr euch zusammen beraten.

So tragt ihr mehr Informationen zusammen als alleine.

So geht's:

- Bildet Gruppen mit jeweils vier Schülerinnen bzw. Schülern (Person A–D).
- Teilt ein großes Blatt/Plakat wie in der Abbildung ein. Jeder setzt sich zu seiner Schreibfläche.
- Jeder schreibt auf seine Fläche, was ihm noch zu der Erkundung des letzten Jahres einfällt.
- Dann dreht ihr die Placemat und lest die Ergebnisse der anderen durch. Jetzt könnt ihr euch auch gegenseitig Fragen dazu stellen und Inhalte ergänzen.
- Diskutiert in eurer Gruppe, welche Inhalte am wichtigsten sind und fasst diese im mittleren Kasten (Gruppenergebnis) zusammen.
- Präsentiert euer Ergebnis den anderen Gruppen.

Methode: Ein Plakat gestalten

So geht's:

1. Trage Informationen zusammen (recherchiere).
2. Schlage unbekannte Wörter nach.
3. Suche Bilder aus Zeitungen, dem Internet oder zeichne sie selbst.
4. Überlege/Plane: Was ist wichtig? Markiere, stelle zusammen, kürze.
5. Schreibe Stichpunkte auf.
6. Erstelle auf einem Blatt eine Plakatskizze (Bleistift, Lineal!).
7. Teile ein großes Plakat mit Bleistift in Bereiche ein.
8. Platziere die Überschrift zentral auf dem Plakat.
9. Trage mit Bleistift Texte ein, klebe Bilder auf.
10. Fahre mit einem dicken Filzstift nach. Radiere Bleistiftreste weg.
11. Unterstreiche, dekoriere oder verziere Wichtiges.
12. Schreibe deinen Namen unten auf das Plakat.

Methode: Recherche

So geht's:

- Je nach Thema kannst du in Sachbüchern, Lexika, Zeitschriften nachschlagen. Du kannst auch Experten befragen oder Orte erkunden, über die du Informationen einholen willst.
- Notiere die Begriffe oder Themen, die du nachschlagen möchtest.
- Schreibe dir die Informationen auf oder kopiere die Seiten, auf denen du sie gefunden hast.
- Notiere, in welchem Buch oder in welcher Zeitschrift du die Information gefunden hast.

Methode: Ein Referat halten

So geht's:

Vortrag vorbereiten:
- Lies dir das Thema des Vortrages genau durch. Denke nach, was du schon darüber weißt. Fertige eventuell eine Mindmap oder Stichwortsammlung an.
- Suche dir Informationen und Bilder zu deinem Thema. Du kannst hierfür in Büchern, Zeitschriften oder im Internet suchen.
- Natürlich kannst du auch einen Experten befragen.
- Schreibe unbedingt auf, wo du deine Informationen oder Bilder gefunden hast. Wenn du deine Quellen nicht nennst, dann verletzt du das Urheberrecht.
- Ordne deine Informationen in geeigneter Weise, z.B. in einer Tabelle oder einer Mindmap. Fasse Dinge zusammen, die zueinander gehören.
- Überlege dir, wie die Zuhörerinnen und Zuhörer den Informationen, die du gibst, gut folgen können.
- Fertige eine Gliederung an. Teile deinen Vortrag in Einleitung, Hauptteil und Schluss ein.

Überschrift: Wie komme ich besser mit meinem Taschengeld zurecht?

1. Einleitung:
- Thema klar formulieren, Bedeutung des Themas deutlich machen

2. Hauptteil:
- Informationen zum Thema, untergliedern in Information 1, Information 2, …

3. Schluss:
- kurze Zusammenfassung, Vortrag mit interessantem Gedanken beenden

- Notiere zu jedem Gliederungspunkt wichtige Stichwörter auf Karteikarten. Überlege, durch welche Medien dein Vortrag interessant wird. Hilft dir ein Plakat beim Präsentieren? Kannst du Anschauungsobjekte zeigen? Sind vielleicht auch Folien (Overhead oder Computer) hilfreich? Könntest du etwas zeigen/vormachen oder an die Tafel zeichnen?
- Bereite die Medien vor. Achte darauf, dass diese übersichtlich und gut leserlich sind. Überprüfe alle Materialien auf Rechtschreibfehler.
- Übe deinen Vortrag mindestens einmal zu Hause. Lass z.B. deine Mutter, deinen Vater oder deine Geschwister zuhören und die Zeit stoppen.

Methode: Ein Referat halten

Vortrag halten:
- Lege dir rechtzeitig alles zurecht, was du für deinen Vortrag brauchst.
- Begrüße die Zuhörer und erkläre genau, worum es in deinem Vortrag geht.
- Damit du niemanden langweilst, sind einige Dinge zu beachten:
  → Stelle dich an einen Punkt, wo man dich gut sehen kann.
  → Sprich langsam und deutlich.
  → Achte darauf, dass deine Stimme nicht eintönig klingt.
  → Lies nicht ab, sondern formuliere mit eigenen Worten.
  → Mach immer wieder Pausen und schau die Zuhörer an.
  → Schenke deinem Publikum ein Lächeln.
  → Bemühe dich um eine lebendige Gestik und Mimik.
  → Denke daran, deine Medien so einzusetzen und zu platzieren, dass jede/r sie sehen kann.
  → Bedanke dich am Ende des Vortrags dafür, dass man dir aufmerksam zugehört hat. Fordere die Zuhörer/innen auf, Fragen zu stellen.

Vortrag reflektieren:
- Nach dem Vortrag kannst du noch einmal nachdenken, was du gut gemacht hast. Überlege dir auch, was du noch verbessern kannst. Folgende Fragen helfen dir dabei:
  → Hattest du den Eindruck, dass die Zuhörerinnen und Zuhörer aufmerksam bei der Sache waren? Oder wirkten sie gelangweilt?
  → War dein Vortrag sinnvoll gegliedert?
  → Hast du früh genug mit der Vorbereitung begonnen?
  → Waren alle Medien ansprechend gestaltet?

Methode: Rollenspiel

Ein typisches Rollenspiel besteht aus fünf verschiedenen Phasen:
1. **Information:** Du erhältst von deiner Lehrkraft die Informationen, die für das Rollenspiel wichtig sind.
2. **Vorbereitung:** Du bekommst genug Zeit, um das Rollenspiel vorzubereiten und zu proben. In dieser Phase erhältst du genug Zeit, das Telefongespräch zu üben.
3. **Durchführung:** Das Rollenspiel/Telefonat wird durchgeführt. Deine Mitschülerinnen und Mitschüler hören dir zu und machen sich Notizen.
4. **Reflexion:** Das Rollenspiel wird diskutiert. Deine Mitschülerinnen und Mitschüler geben dir Feedback.
5. **Verallgemeinerung:** Die Erkenntnisse aus dem Rollenspiel gelten für alle Schülerinnen und Schüler.

Methode: Ein Schaubild erstellen

So geht's:
- Sammelt Informationen und Material zu eurem Thema.
- Wählt sinnvolle Informationen und besonders Wissenswertes aus.
- Findet eine Struktur: Plant die Reihenfolge und die Anordnung der Informationen und Materialien. Zeichnet eine Skizze.
- Erstellt nun sorgfältig euer Schaubild.
- Hebt Wichtiges hervor, zum Beispiel mit Pfeilen oder Umrahmungen.
- Kontrolliert alles und verbessert gegebenenfalls.

Methode: Eine Tabelle anlegen

- Eine Tabelle verschafft dir einen schnellen Überblick und ermöglicht dir den Vergleich von Größen und Daten. Eine Tabelle besteht aus mehreren Spalten.
- Zeichne deine Tabelle sauber mit Lineal.
- Jede Spalte hat eine Überschrift oder ein Thema. Hebe dies deutlich hervor.
- Trage alle Inhalte unter die passende Überschrift ein.
- Farben ermöglichen dir eine weitere Strukturierung.

Material: Papier, Lineal, farbige Stifte

Methode: Eine Tabelle auswerten

So geht's:
- **Sich orientieren:** Was siehst du?
- **Beschreiben:** Was wird dargestellt? Was ist das Thema bzw. die Überschrift? Wie wird der Sachverhalt dargestellt? Jede Tabelle hat eine Vorspalte (links) und einen Tabellenkopf (oben). Den Inhalten der Vorspalte werden Inhalte des Tabellenkopfes gegenübergestellt.
- **Erklären und auswerten:** Welche wichtigen Sachverhalte kannst du der Tabelle entnehmen? Welche Vorteile und Nachteile hat eine Tabelle?
- **Schlussfolgern:** Welche Gesamtaussage kannst du treffen?

Methode: Themenheft

Ein Themenheft ist ein von dir gestaltetes Heft, das ein bestimmtes Thema genau darstellt. Das Ziel besteht darin, das Heft durch unterschiedliche Anreicherungen zu einem ansprechenden Buch zu entwickeln. Eine besondere Gestaltung, viele anschauliche Bilder und abwechslungsreiche Einträge machen ein Themenheft wertvoll! Wenn du alle Aufgaben des Kapitels Technik im Themenheft bearbeitest, kannst du deine Ergebnisse anschließend deinen Klassenkameraden präsentieren.

Methode: Think-Pair-Share / Ich-Du-Wir

Ihr macht euch zunächst alleine Gedanken und Notizen zu einem Thema bzw. wertet in Einzelarbeit Texte, Schaubilder oder Ähnliches aus. → **Think (Ich)**

Diese Ergebnisse gleicht ihr dann mit einer Partnerin/einem Partner ab. → **Pair (Du)**

Im letzten Schritt stellt ihr die neu gewonnenen Erkenntnisse der Klasse vor. → **Share (Wir)**

Die Methode Think-Pair-Share (auch Ich-Du-Wir-Methode genannt) kann mit arbeitsgleichen wie auch mit arbeitsteiligen Inhalten durchgeführt werden.

Arbeitsgleich heißt, dass alle Gruppen die gleiche Aufgabe bearbeiten.

Arbeitsteilig bedeutet, dass jede Gruppe einen anderen Arbeitsauftrag hat.

Methode: Eine vollständige Handlung

Wenn du am Ende der 9. Klasse den qualifizierenden Abschluss der Mittelschule oder am Ende der 10. Klasse den mittleren Schulabschluss ablegen möchtest, musst du eine Projektprüfung absolvieren. Dabei geht es darum zu zeigen, wie du zusammen mit deiner Gruppe eine **vollständige Handlung** nachvollziehst. Das bedeutet, du planst ein Projekt, du führst es durch und du reflektierst es. Außerdem dokumentierst du deine Arbeitsschritte. So gehst du vor:

1. **Projektinitiative:** Zuerst geht es darum, sich genau zu überlegen, was getan werden muss. Das kommt natürlich ganz auf das konkrete Projekt an.
2. **Projektplanung:** Jetzt muss ein konkreter Arbeitsplan erstellt werden. Dieser enthält alle Arbeitsschritte, die erledigt werden müssen, damit das Projekt ein Erfolg wird. Du erstellst auch eine Liste der benötigten Arbeitsmittel. Es ist sinnvoll, eine Kontrollliste zu erstellen, auf der du die erledigten Schritte abhaken kannst.
3. **Projektdurchführung:** Nun werden die geplanten Aufgaben ausgeführt. Denke daran, dass du die Arbeiten, die du erledigst, auch dokumentieren musst.
4. **Projektpräsentation:** Schließlich stellst du das Projektergebnis oder auch deinen Arbeitsprozess einer Zuhörerschaft vor. Bei der Projektprüfung sind das die zwei Lehrkräfte, die dir eine Note geben.
5. **Projektreflexion:** Schließlich denkst du noch einmal über den Ablauf des Projekts nach. Was hat gut geklappt? Was kannst du noch verbessern?

Das Modell der **vollständigen Handlung** kommt aus der beruflichen Bildung. Es geht darum, dass du in einer konkreten beruflichen Situation in der Lage bist, selbstständig zu handeln.

Methode: Wortkartenarbeit

So geht's:
- Benutze rechteckige Karten (Format ca. 9,5 × 2,5 cm), geschnitten aus 160 g Karton. Der Karton kann weiß oder farbig sein.
- Schreibe mit dunklen, dicken Filzstiften.
- Überlege dir mögliche Überpunkte, nach denen du deine Wortkarten sortieren kannst.
- Sortiere die Wortkarten und ordne sie zu.
- Markiere jede Wortkarten-Gruppe in einer anderen Farbe.
- Hefte die Wortkarten sortiert an die Tafel oder an eine Pinnwand.
- Hilfreich ist es, zusätzlich Karten für die Überpunkte zu erstellen. Diese kannst du dann als Überschrift über die Wortkarten-Gruppen heften.

Hinweise zum Lösen der Aufgaben

In den Aufgaben in diesem Buch findest du Signalwörter. Sie zeigen dir, was du tun musst, um eine Aufgabe gut zu bearbeiten.

Signalwort	Was musst du tun?
analysieren	Du arbeitest bestimmte Merkmale heraus und untersuchst sie nach verschiedenen Fragestellungen.
aufzählen, nennen	Du trägst bestimmte Begriffe, Informationen oder Aussagen in Stichworten zusammen.
begründen	Du führst Argumente, Ursachen oder Beweise für etwas an.
berichten	Du informierst jemanden knapp, sachlich und wahrheitsgemäß über einen Sachverhalt.
beschreiben	Du gibst eine Sache in eigenen Worten und mithilfe von Fachbegriffen wieder.
betrachten	Du schaust dir ein Bild oder eine grafische Darstellung genau an und erfasst alle Inhalte, die dort abgebildet sind.
beurteilen, bewerten	Du beschreibst, wie weit etwas den Vorgaben oder deinen eigenen Vorstellungen entspricht.
darstellen	Du gibst ein Ergebnis anschaulich wieder (z.B. als Tabelle, Schaubild, …).
diskutieren	Ihr tauscht Argumente in einer Gruppe aus und wägt sie ab.
dokumentieren	Du hältst wichtige Informationen, die du während einer Erkundung oder bei einem Interview bekommst, in geeigneter Weise fest (z.B. durch Fotos, Notizen, Skizzen oder Tonaufnahmen).
einüben	Du wiederholst einen Inhalt oder einen Ablauf so lange, bis du ihn sicher beherrschst.
entnehmen	Du liest einen Text oder betrachtest eine grafische Darstellung und findest dort Informationen.
entwickeln	Du setzt deine Kenntnisse und deine eigenen Vorstellungen um, z.B. in einem Plakat oder Rollenspiel.
erklären	Du beschreibst eine Sache nachvollziehbar und verständlich.
erläutern	Du beschreibst eine Sache nachvollziehbar sowie verständlich und verdeutlichst sie zusätzlich mit Beispielen.
ermitteln	Du findest etwas heraus, indem du planvoll vorgehst.
erörtern	Du stellst die Vor- und Nachteile zu einem Thema gegenüber, formulierst eine eigene Meinung und begründest sie.

Signalwort	Was musst du tun?
erstellen	Du stellst einen Sachverhalt genau und übersichtlich in einem schriftlichen Dokument dar.
formulieren	Du legst einen Sachverhalt in einer angemessenen sprachlichen Form dar. Dabei benutzt du Fachausdrücke.
notieren	Du hältst einen Inhalt oder eine Beobachtung schriftlich fest.
planen	Du entwickelst zu einer vorgegebenen Aufgabe einen Lösungsweg.
präsentieren	Du bereitest ein Ergebnis auf und stellst es den anderen vor, z.B. als Vortrag, Computer-Präsentation, Plakat.
recherchieren	Du findest Informationen zu einer Sache aus unterschiedlichen Quellen heraus (z.B. Internet, Lexikon, Zeitung, Befragung).
sammeln	Du stellst Inhalte zu einem Thema zusammen.
sich austauschen	Du besprichst deine Überlegungen oder Arbeitsergebnisse zu einem Thema mit anderen. Dabei erfährst du, zu welchen Ergebnissen deine Gesprächs-partner gelangt sind.
sich informieren	Du sammelst Inhalte zu einem Thema und merkst sie dir.
Stellung nehmen	Du bildest dir eine eigene Meinung zu dem Sachverhalt (gut oder schlecht, gerecht oder ungerecht …) und begründest sie.
untersuchen	Du findest heraus, welche Merkmale vorhanden sind, z.B. durch Fragen.
vergleichen	Du setzt Dinge in Beziehung und erkennst, was gleich, ähnlich oder unter-schiedlich ist.
Vermutungen an-stellen, vermuten	Du gibst wieder, was du über eine Fragestellung oder ein Thema denkst. Dabei beziehst du dein bisheriges Wissen ein.
(zu)ordnen	Du stellst dar, wie verschiedene Dinge zusammengehören.
zusammenfassen	Du schreibst das Wichtigste heraus oder gibst es wieder.

Lexikon

Abonnement ↗ S. 53
Eine Person erhält regelmäßig entweder ein Produkt (z.B. Zeitung) oder eine Leistung (z.B. Theaterbesuch) und bezahlt dafür.

Aggregat ↗ S. 55
Wenn in der Produktion ein ganzer Satz verschiedener Maschinen, Apparate und Geräte zusammenwirkt, spricht man von einem Aggregat.

Angestellter ↗ S. 90
Arbeitnehmer, der vorwiegend geistige Arbeiten ausführt. Kaufmännische Angestellte üben häufig buchhalterische und kaufmännische Tätigkeiten im Büro aus. Technische Angestellte können z.B. EDV-Techniker oder Chemiker sein.

Arbeiter ↗ S. 90
Menschen, die körperliche oder geistige Arbeit verrichten. Im Vergleich zum Angestellten verrichten Arbeiter mehr körperliche Arbeit. Arbeiter besitzen einen anderen Arbeitsvertrag als Angestellte.

Arbeitskräfte ↗ S. 42
Die Menschen, die zusammenarbeiten, um ein Produkt herzustellen, also das Personal eines Betriebes.

Arbeitsverhältnis ↗ S. 62, 77
Dies ist die rechtliche und soziale Beziehung zwischen Arbeitgeber und Arbeitnehmer. Zwischen beiden Parteien wird ein Arbeitsvertrag geschlossen.

Ausbildungsverhältnis ↗ S. 77
Dieses Verhältnis entsteht, indem Azubi und Betrieb einen Ausbildungsvertrag schließen. In diesem vereinbaren die zwei Parteien grundlegende Rechte und Pflichten während des Ausbildungsverhältnisses.

Ballungsräume ↗ S. 68
Das sind Gebiete, in denen viele Menschen auf engem Raum zusammenleben. In Bayern sind dies z.B. die Region Nürnberg – Fürth – Erlangen oder der Großraum München.

Betriebsmittel ↗ S. 42
Als Betriebsmittel werden Produktionsfaktoren wie z.B. Grundstücke, Gebäude, Maschinen und Werkzeuge bezeichnet.

effizient ↗ S. 45
Als effizient bezeichnet man eine wirksame Arbeits- oder Vorgehensweise. Man arbeitet effizient, wenn man mit verhältnismäßig wenig Aufwand sehr viel erreicht.

eingetragene Kirche ↗ S. 61
Wenn eine Kirche eine sogenannte Körperschaft des öffentlichen Rechts ist, dann bezeichnet man sie als eingetragene Kirche.

Einzelfertigung ↗ S. 44
Bei der Einzelfertigung wird immer nur ein Produkt hergestellt. Meist handelt es sich um eine Auftragsproduktion.

Einzelhändler ↗ S. 47
Einzelhändler sind Unternehmen des Handels, die Waren verschiedener Hersteller beschaffen, zu einem Sortiment zusammenfügen und direkt an die Konsumenten verkaufen.

Elternzeit ↗ S. 69
Mütter oder Väter können nach der Geburt ihres Kindes ihre Erwerbstätigkeit bis zu 36 Monate unterbrechen. Sie erhalten einen Teil ihres Nettogehalts als sogenanntes Basiselterngeld insgesamt 14 Monate lang ab der Geburt ihres Kindes. Sie können nicht gekündigt werden.

Fachkräfte ↗ S. 40
Eine Fachkraft ist jemand, der in seinem Beruf oder seinem Fachgebiet über die entsprechenden Kenntnisse und Fähigkeiten verfügt.

Fertigungsstraße ↗ S. 104
Eine hintereinander angeordnete Reihe von Arbeitsplätzen in der Fertigung, die jeweils Teilschritte der Gesamtproduktion ausführen.

finanzielle Mittel ↗ S. 42
Das Geld zum Kauf von Rohstoffen und Werkstoffen, zur Bezahlung von Löhnen etc. in einem Unternehmen.

Generationenvertrag ↗ S. 62
Der Generationenvertrag ist das Grundprinzip der gesetzlichen Rentenversicherung in Deutschland. Die Berufstätigen zahlen Beiträge für die Renten der Älteren, die nicht mehr arbeiten. Die Berufstätigen wissen, dass ihre Rente später wiederum von der nachfolgenden Generation finanziert wird.

Großhändler ↗ S. 47
Großhändler sind Unternehmen des Handels, die Waren verschiedener Hersteller beschaffen und an gewerbliche Kunden und sogenannte Großabnehmer weiterverkaufen.

Haftpflichtversicherung ↗ S. 77
Wenn man einen Schaden an dem Eigentum eines anderen verursacht, muss man ihn ersetzen. Wenn man bei einer Versicherungsagentur eine Haftpflichtversicherung abgeschlossen hat, übernimmt diese alle Regelungen im Schadensfall.

Hygiene, hygienisch ↗ S. 78
Dies bedeutet so viel wie Gesundheitspflege oder Gesundheitslehre. Sie bezieht alle Maßnahmen ein, die der Förderung der Gesundheit dienen. Besonders wichtig ist hier die persönliche Sauberkeit.

kleine und mittelständische Unternehmen, Industrieunternehmen ↗ S. 38
kleine Unternehmen: bis zu neun Beschäftigte und bis zu einer Million Euro Jahresumsatz; mittlere Unternehmen: bis zu 499 Beschäftigte und bis zu 50 Millionen Jahresumsatz; Großunternehmen: ab 500 Beschäftigte und ab 50 Millionen Jahresumsatz.

Layout ↗ S. 53
Das Layout ist eine sinnvolle und übersichtliche Anordnung von Text und Bildern auf einer Seite oder einem Plakat.

Lebenshaltungskosten ↗ S. 58, 68
Die Kosten, die von einem Haushalt aufgewendet werden müssen, um das Leben im Alltag zu bestreiten.

Lohnnebenkosten ↗ S. 63
Das sind im Wesentlichen die Beiträge für die Sozialversicherungen. Der Unternehmer ist verpflichtet, einen Teil dieser Beiträge – meist die Hälfte – zu übernehmen.

Marktforschung ↗ S. 46, 70
Die Marktforschung ist ein wichtiger Teil des Marketing. Bevor ein Betrieb ein Produkt oder eine Dienstleistung verkauft, führt er eine Marktforschung durch. Die Konsumenten werden nach ihren Wünschen und Kaufgewohnheiten befragt. Ziel ist, Waren oder Dienstleistungen anzubieten, die möglichst viele Käufer finden.

Massenfertigung ↗ S. 44
Bei der Massenfertigung werden über einen langen Zeitraum große Mengen des gleichen Produkts hergestellt.

Methodenkompetenz ↗ S. 18
Die Fähigkeit, bestimmte Methoden anzuwenden, um sich Fachwissen anzueignen oder Probleme zu lösen.

nachhaltig ↗ S. 43

Etwas ist nachhaltig, wenn es für lange Zeit eine starke Auswirkung hat.

Offsetdruck ↗ S. 52

Es gibt verschiedene Druckverfahren, z.B. Siebdruck, Tiefdruck und Offsetdruck. Beim Offsetdruck erfolgt der Druck nicht direkt von der Druckvorlage auf das zu bedruckende Material, sondern indirekt über eine Walze.

ökologisch ↗ S. 43

die Umwelt betreffend, umweltfreundlich

Produktionsfaktoren ↗ S. 42

Alle Güter und Dienstleistungen, die bei der Produktion eingesetzt werden.

Publikation ↗ S. 9

Die Veröffentlichung all dessen, was für eine breite Masse von Menschen gedacht ist, z.B. eine Nachricht, ein Zeitungsartikel oder ein Buch. Die Veröffentlichung kann mündlich, im Druck oder digital im Internet erfolgen.

Rituale ↗ S. 26

Festgelegte, über längere Zeit hinweg immer gleich ausgeübte Bräuche oder Gewohnheiten.

Rohstoffe ↗ S. 42

Rohstoffe werden aus der Natur gewonnen. Rohstoffe sind noch nicht bearbeitet, Beispiele: Baumstamm, Erdöl, Eisenerz.

Selbstkompetenz ↗ S. 18

Die Fähigkeit, aus seinen Anlagen und Eigenschaften das Beste zu machen, indem man sich selbst gut kennt und weiß, welche Ziele man auf welche Art und Weise erreichen will.

Serienfertigung ↗ S. 44

Bei der Serienfertigung werden über einen bestimmten Zeitraum gleichartige Produkte in Serie produziert. Danach wird ein anderes Produkt in Serie hergestellt.

Server ↗ S. 95

Der Server ist der zentrale Computer in einem Computernetzwerk, der wichtige Aufgaben für das gesamte System übernimmt.

Serverfarm ↗ S. 95

Die Serverfarm ist ein Zusammenschluss vieler Computer-Server an einem Ort zu einem großen Computersystem.

soziale Netzwerke ↗ S. 53

Damit sind in erster Linie Social-Media-Dienste gemeint, in denen viele Menschen miteinander kommunizieren.

Sozialgefüge ↗ S. 76

Darunter versteht man, wie Menschen unter- und miteinander zusammenwirken.

Sozialkompetenz ↗ S. 18

Die Fähigkeit, sich im Umgang mit seinen Mitmenschen klug und der jeweiligen Situation angemessen zu verhalten, um das Beste für sich und die gesamte Gruppe zu erreichen.

Statistisches Bundesamt ↗ S. 68

Das Statistische Bundesamt ist eine Behörde im Bereich des Bundesinnenministeriums. Es sammelt Daten zu allen wichtigen gesellschaftlichen und wirtschaftlichen Themen und wertet diese in Statistiken aus, die jeder einsehen kann.

Werkstoffe ↗ S. 42

Produktionsfaktoren, die in die Produkte eingehen. Beispiel: Holz als ein Bestandteil eines Tisches.

Stichwortverzeichnis